高职高专"十三五"规划教材

汽车消费心理学

双色版

谢 霖　王麒睿　主编
张仲颖　凌 濛　张凤华　付 莉　副主编

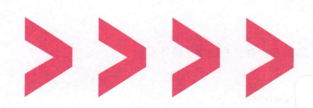

化学工业出版社

·北京·

本书内容分为八个项目,包括汽车消费心理学认知、汽车消费者的认知心理、汽车消费者的消费过程心理、汽车消费者的个性心理、汽车消费者的群体心理、汽车营销环境与消费者心理、汽车营销策略与消费者心理、汽车服务营销心理。书中设计了"案例引导""巩固与实训""知识链接"等模块,并且将"读一读""课堂思考"等穿插其中,理论与实际结合,难度适宜,易于理解和掌握。为了教学方便,本书配套电子课件。

本书可作为高职高专汽车类专业的教学用书和相关行业的培训用书,也可供广大汽车营销、管理和服务人员等参考。

图书在版编目(CIP)数据

汽车消费心理学/谢霖,王麒睿主编.—北京:化学工业出版社,2019.8
高职高专"十三五"规划教材(2025.2重印)
ISBN 978-7-122-34488-5

Ⅰ.①汽⋯ Ⅱ.①谢⋯ ②王⋯ Ⅲ.①汽车-消费心理学-高等职业教育-教材 Ⅳ.①F766 ②F713.55

中国版本图书馆 CIP 数据核字(2019)第 089800 号

责任编辑:韩庆利　　　　　　　　　文字编辑:李　曦
责任校对:宋　夏　　　　　　　　　装帧设计:史利平

出版发行:化学工业出版社(北京市东城区青年湖南街 13 号　邮政编码 100011)
印　　装:北京天宇星印刷厂
787mm×1092mm　1/16　印张 8$\frac{1}{2}$　字数 190 千字　2025 年 2 月北京第 1 版第 3 次印刷

购书咨询:010-64518888　　　　　　　　售后服务:010-64518899
网　　址:http://www.cip.com.cn
凡购买本书,如有缺损质量问题,本社销售中心负责调换。

定　　价:25.00 元　　　　　　　　　　　　　　　　　　版权所有　违者必究

随着经济快速的发展、居民可支配收入的提升、国家政策的推动，我国居民的汽车产品需求旺盛，过去几年汽车市场快速扩张和发展，我国私家车保有量持续稳步增长。截止到2018年12月2日，以个人名义登记的小型和微型载客汽车达1.87亿辆，每百户家庭私家车拥有量已超过40辆。汽车市场迫切需要专业水平过硬、销售能力强的新型营销人才。

《汽车消费心理学》是消费心理学在汽车消费和营销领域的具体应用。了解和掌握汽车消费者的心理是汽车营销人员应具备的技能。汽车消费心理学课程也是汽车服务与营销专业的专业基础课，主要是让学生通过观察消费者来分析消费者的心理活动，采用观察法、市场调查法，培养学生研究汽车消费者消费心理的能力、分析问题的能力、解决问题的能力。

本书以"理论够用、技能实用"为原则，设计安排汽车消费心理学认知、汽车消费者的认知心理、汽车消费者的消费过程心理、汽车消费者的个性心理、汽车消费者的群体心理、汽车营销环境与消费者心理、汽车营销策略与消费者心理、汽车服务营销心理共八个项目的知识内容，每一个项目都设计"案例引导""巩固与实训""知识链接"等模块，并且穿插了"读一读""课堂思考"等模块，使较难的心理学理论可操作、易掌握。

本书由谢霖、王麒睿任主编，张仲颖、凌濛、张凤华、付莉任副主编，杜祥军、胡四莲、李凯参编。

本书在编写过程中参考和借鉴了相关教材和大量有价值的文献，并从互联网中获取最新的阅读资料，以丰富教材内容、拓宽学生视野。在此对文献作者和资料提供者表示衷心的感谢。

由于编者水平有限，书中难免存在疏漏和不当之处，敬请有关专家和广大读者批评指正。

编　者

目录 CONTENTS

项目一　汽车消费心理学认知　1

案例引导　乔·吉拉德的销售经历……………………………………… 1
任务一　汽车消费心理学的基础知识…………………………………… 2
　一、心理学和消费心理学………………………………………………… 2
　二、汽车消费心理学……………………………………………………… 4
任务二　汽车消费与汽车消费心理……………………………………… 5
　一、汽车消费与汽车消费者……………………………………………… 5
　二、汽车消费心理………………………………………………………… 5
　三、中国汽车消费者常见的心理特征…………………………………… 6
巩固与实训…………………………………………………………………… 7
知识链接　终端销售必知的消费八大心理……………………………… 7

项目二　汽车消费者的认知心理　10

案例引导　捷达的成功…………………………………………………… 10
任务一　汽车消费者的感性认知………………………………………… 11
　一、汽车消费者的感觉…………………………………………………… 11
　二、汽车消费者的知觉…………………………………………………… 15
　三、汽车消费者的错觉…………………………………………………… 18
任务二　汽车消费者的理性认知………………………………………… 19
　一、汽车消费者的注意…………………………………………………… 19

二、汽车消费者的记忆 …………………………………………………… 21
　　三、汽车消费者的联想 …………………………………………………… 23
　　四、汽车消费者的思维 …………………………………………………… 23
　巩固与实训 …………………………………………………………………… 24
　知识链接　新能源汽车推广已转向"消费者认知" ………………………… 25

项目三　汽车消费者的消费过程心理　　27

案例引导　卖鞋的启示 ………………………………………………………… 27
任务一　汽车消费者的需要 …………………………………………………… 28
　　一、需要的概述 …………………………………………………………… 28
　　二、汽车消费者需要的含义、特征、类型及内容 ……………………… 30
任务二　汽车消费者的动机 …………………………………………………… 34
　　一、动机的概述 …………………………………………………………… 34
　　二、汽车消费者动机的含义、特征及购买动机的类型 ………………… 35
任务三　汽车消费者的情绪和情感 …………………………………………… 37
　　一、情绪和情感的概述 …………………………………………………… 37
　　二、影响汽车消费者情绪和情感的因素 ………………………………… 39
任务四　汽车消费者的态度 …………………………………………………… 39
　　一、态度的概述 …………………………………………………………… 40
　　二、消费者态度与汽车消费者态度 ……………………………………… 41
巩固与实训 ……………………………………………………………………… 43
知识链接　购买活动中的消费者情绪 ………………………………………… 44

项目四　汽车消费者的个性心理　　46

案例引导　追求个性的时代消费者买车也好"色" ………………………… 46
任务一　汽车消费者的个性 …………………………………………………… 47
　　一、个性的概述 …………………………………………………………… 47
　　二、汽车消费者的个性表现及购买行为 ………………………………… 48
任务二　汽车消费者的气质 …………………………………………………… 50

一、气质的概述……………………………………………………………… 50
　　二、汽车消费者的气质表现及购买行为………………………………… 52
任务三　汽车消费者的性格……………………………………………………… 55
　　一、性格的概述……………………………………………………………… 55
　　二、汽车消费者性格的不同表现及对汽车销售的影响………………… 56
任务四　汽车消费者的能力……………………………………………………… 59
　　一、能力的概述……………………………………………………………… 59
　　二、消费者的基本能力与汽车消费者的能力的类型…………………… 60
巩固与实训………………………………………………………………………… 62
知识链接　消费者购买行为模式………………………………………………… 62

项目五　汽车消费者的群体心理　　65

案例引导　揭秘豪华车消费群体………………………………………………… 65
任务一　群体认知………………………………………………………………… 66
　　一、群体的含义和特征……………………………………………………… 66
　　二、群体的分类……………………………………………………………… 67
　　三、群体心理对群体成员的影响…………………………………………… 68
　　四、参照群体对消费者心理的影响………………………………………… 69
　　五、消费群体对消费者心理的影响………………………………………… 70
任务二　年龄因素的影响………………………………………………………… 71
　　一、青年消费群体的购车心理特征………………………………………… 71
　　二、中年消费群体的购车心理特征………………………………………… 72
　　三、老年消费群体的购车心理特征………………………………………… 72
　　四、年龄因素对消费者购车的实际影响…………………………………… 73
任务三　性别因素的影响………………………………………………………… 73
　　一、男性群体的消费心理…………………………………………………… 74
　　二、女性群体的消费心理…………………………………………………… 74
　　三、性别因素对消费者购车的客观影响…………………………………… 75
任务四　家庭因素的影响………………………………………………………… 76
　　一、家庭的概述……………………………………………………………… 76
　　二、家庭因素对消费者购车的常态影响…………………………………… 79
巩固与实训………………………………………………………………………… 80
知识链接　中国汽车消费蓝海市场洞察白皮书………………………………… 80

项目六　汽车营销环境与消费者心理　　83

案例引导　中日钓鱼岛问题对汽车销售的影响 ………………………… 83
任务一　政治环境与汽车消费者心理 …………………………………… 84
　　一、政治环境 …………………………………………………………… 84
　　二、政治环境对汽车消费者的心理影响 ……………………………… 85
任务二　经济环境与汽车消费者心理 …………………………………… 88
　　一、经济环境 …………………………………………………………… 88
　　二、经济环境对汽车消费者的心理影响 ……………………………… 88
任务三　文化环境与汽车消费者心理 …………………………………… 91
　　一、文化环境 …………………………………………………………… 91
　　二、文化环境对汽车消费者的心理影响 ……………………………… 92
任务四　科技环境与汽车消费者心理 …………………………………… 93
　　一、科技环境 …………………………………………………………… 93
　　二、科技环境对汽车消费者的心理影响 ……………………………… 94
巩固与实训 ………………………………………………………………… 95
知识链接　"汽车网络营销" …………………………………………… 95

项目七　汽车营销策略与消费者心理　　97

案例引导　奥迪在中国畅销的原因 ……………………………………… 97
任务一　汽车品牌与消费者心理 ………………………………………… 98
　　一、汽车品牌 …………………………………………………………… 98
　　二、汽车品牌对消费者心理的影响 …………………………………… 99
任务二　汽车性能与消费者心理 ………………………………………… 101
　　一、汽车性能 …………………………………………………………… 101
　　二、汽车性能对消费者心理的影响 …………………………………… 102
任务三　汽车价格与消费者心理 ………………………………………… 103
　　一、汽车价格 …………………………………………………………… 103
　　二、汽车价格对消费者心理的影响 …………………………………… 104
任务四　汽车广告与消费者心理 ………………………………………… 105
　　一、汽车广告 …………………………………………………………… 105

二、汽车广告对消费者心理的影响 …………………………………………… 107
巩固与实训 …………………………………………………………………………… 107
知识链接 "4P"营销理论与"4C"营销理论 ………………………………………… 108

项目八　汽车服务营销心理　　110

案例引导　世界上最伟大的销售员——乔·吉拉德 ………………………… 110
任务一　汽车服务营销心理认知 ……………………………………………… 111
　一、服务营销 …………………………………………………………………… 111
　二、服务营销心理效应 ………………………………………………………… 111
任务二　汽车营销服务三个阶段的心理策略 ………………………………… 112
　一、汽车售前服务阶段的心理策略 …………………………………………… 112
　二、汽车售中服务阶段的心理策略 …………………………………………… 113
　三、汽车售后服务阶段的心理策略 …………………………………………… 114
任务三　汽车营销人员对消费者心理的影响 ………………………………… 116
　一、营销人员对消费者心理的影响 …………………………………………… 117
　二、营销人员的服务心理 ……………………………………………………… 120
巩固与实训 …………………………………………………………………………… 122
知识链接　乔·吉拉德的销售技巧 …………………………………………………… 123

参考文献　　126

项目一 汽车消费心理学认知

学习目标

了解心理学和消费心理学的基础知识；掌握汽车消费心理学的基础知识、研究对象，明确汽车消费心理学的研究意义。

能力目标

学生能用心理学的方法观察消费对象；学生能从国情角度来分析判断中国汽车消费者的心理特征。

案例引导

乔·吉拉德的销售经历

渴望被人重视，是一种很普遍的、人人都有的心理需求，作为消费者也不例外。下面是乔·吉拉德的亲身经历。

一天，一位客户找乔·吉拉德商谈购车事宜。在销售过程中，一切进展顺利，眼看就要成交，但对方突然决定不买了，这让乔·吉拉德很困惑。乔·吉拉德忍不住给客户打电话想问明原因。

"您好！今天我向您推荐那辆车，眼看您就要签字了，为什么却突然走了？"

"喂，乔·吉拉德，你知道现在几点钟了吗？"

"真抱歉，我知道是晚上11点了，但我检讨了一天，实在是想不出自己到底错在哪里。因此冒昧地打来电话请教您。"

"真的？"

"肺腑之言！"

"很好，你是在用心听我说话吗？"

"是的，非常用心。"

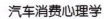

"可是，今天下午你并没有用心听我说话。就在签字前，我提到我的儿子即将进入密歇根大学读书，我还跟你说到他的运动成绩和将来的抱负，我以他为荣，可你根本没有听我说这些话！"

听得出，对方仍余怒未消。但乔·吉拉德对此事却毫无印象，因为他当时确实没有注意听。话筒里的声音继续响着："你宁愿听另一名推销员说笑话，也不在乎我说什么，而我也不愿意从一个不尊重我的人的手里买东西！"

分析：渴望被人重视的心理包含两个方面：一方面是希望得到别人的认可和赞美，使自己获得优越感；另一方面是不愿意被人轻视，从而使自己显得与众不同，以吸引别人注意。这次推销让乔·吉拉德懂得了尊重客户的重要性。因而，在销售中，尊重消费者，让其从心理上获得被重视的感觉，才能促进销售。

任务一　汽车消费心理学的基础知识

一、心理学和消费心理学

（一）心理与心理学

1. 心理的定义及其本质

（1）心理的定义　心理是指人内在活动梳理的过程和结果。人们在活动的时候，通过各种感官认识外部世界事物，通过头脑的活动思考事物的因果关系，并伴随着喜、怒、哀、惧等情感体验。这折射着一系列心理现象的整个过程，即心理过程。

（2）心理的本质

① 心理是脑的机能，即脑是从事心理活动的器官，心理现象是脑活动的结果。正常发育的大脑为心理的发展提供了物质基础。人一旦离开脑就不存在心理活动。

现代哲学认为，人的思维能力的产生、人的精神活动、人与动物的根本区别都得益于人的大脑的独特作用。

② 心理是对客观现实能动的反映，包括两方面内容：一方面是指心理现象是客观事物作用于人的感觉器官，通过大脑活动而产生的，即客观现实是心理的源泉和内容；另一方面是指心理的反映是能动的反映，心理活动不仅能认识到事物的外部现象，还能认识到事物的本质和事物之间的内在联系，并用这种认识来指导人的实践活动，改造客观世界。

客观现实是心理的源泉和内容。对人来说，客观现实既包括自然界，又包括人类社会，还包括人类自己。20世纪20年代印度发现两个狼孩，虽然他们有健全的人的大脑，但是他们脱离了人类社会，是在狼群里长大的，他们只具有狼的本性，而不具备人的心理。所以，心理也是社会的产物，离开了人类社会，即使有人的大脑，也不能自发地产生人的心理。

2. 心理学

（1）心理学的定义　心理学（Psychology）是一门研究人类的心理现象、精神功能和行为的科学，它既是一门理论学科，也是一门应用学科，包括基础心理学与应用心理学两大领域。

"心理学"一词来源于希腊文,是由希腊文中"Psyche"和"Logos"两词演变而来,前者意指"灵魂",后者意指"讲述",合起来即是"阐释灵魂之学"。"灵魂"在希腊文中也有气体或呼吸的意思,因为古代人认为生命依赖于呼吸,呼吸停止,生命就完结了。随着科学的发展,心理学的对象由"灵魂"改为"心灵"。

(2)心理学的历史演变　德国著名心理学家艾宾浩斯曾这样概括地描述心理学的发展历程:"心理学有一个漫长的过去,但只有短暂的历史。"

① 哲学心理学。早期的心理学研究属于哲学的范畴,称为哲学心理学。哲学心理学的研究可以追溯到古代中国、古代埃及、古代希腊和古代印度时期。苏格拉底、柏拉图、亚里士多德等哲学家是哲学心理学的代表人物。哲学心理学主要是探讨心身关系、天性与教养、自由意志与决定论、知识来源等四大议题。

② 科学心理学。1879年,德国生理学家、哲学家冯特在德国的莱比锡大学建立了世界上第一个心理学实验室,用实验的手段对感觉、知觉、情感和联想等心理现象进行系统研究,这标志着心理学正式脱离哲学成为一门独立的学科。冯特坚持用观察、实验以及数理统计等自然科学的方法去揭示心理过程的规律,所著的《生理心理学原理》一书被誉为"心理学独立的宣言书",是心理学史上第一部有系统体系的心理学专著。为纪念冯特对心理学的贡献,人们把他创建的世界上第一个心理学实验室,看作是科学心理学诞生的标志。

③ 现代心理学。对心理学来说,因其研究对象的复杂性,想要用一个完善的理论模式概括心理现象的本质是存在局限的,学派之争不可避免。第二次世界大战后,随着人们对心理学研究的深入与拓展,新的心理学思想相继产生,其中最具有影响的是人本主义心理学、认知心理学以及生理心理学。

人本主义心理学认为,人有自我的纯主观意识,有自我实现的需要。只要有适当的环境,人就会努力实现自我、完善自我,最终达到自我实现。所以人本主义心理学重视人自身的价值,提倡充分发挥人的潜能。人本主义心理学既反对把人的行为归结为本能和原始冲动的弗洛伊德主义;也反对不管意识,只研究刺激和反应之间联系的行为主义。

认知心理学把人看作是一个类似于计算机的信息加工系统,并以信息加工的观点,即从信息的输入、编码、转换、储存和提取等加工过程来研究人的认知活动。

生理心理学探讨的是心理活动的生理基础和脑的机制。它的研究包括脑与行为的演化;脑的解剖与发展及其和行为的关系;认知、运用控制、动机行为、情绪和精神障碍等心理现象和行为的神经过程和神经机制。

(3)心理学的研究内容　心理学是研究人的心理现象及其发生、发展规律的科学。

心理学的主要研究内容是人们的心理过程和个性心理。

① 心理过程包括:认识过程、情感过程、意志过程。认识过程是心理活动的起点。认识过程包括感觉、知觉、记忆、想象、思维。人们是先通过感觉获得食物的个别属性和特性,再通过知觉获得对事物的整体认识与相互关系,知觉是在感觉的基础上产生的,但不是感觉的简单相加。人们通过感觉、知觉把获得的知识经验保存在人的头脑中,在需要的时候提取出来,这种积累并保存个体经验的心理过程叫作记忆。在感觉和记忆的基础上,人们还会产生想象,想象是人在头脑里对已存储的表象进行加工改造形成新形象的过程。人们还能运用头脑中已有的知识经验去间接、概括地认识事物,揭示事物的本质和内在联系,形成事

物的概念并进行推理和判断，称作思维。

情感过程是人对客观事物的感受而产生的态度体验过程。情感过程包括喜、怒、哀、乐、爱、憎、慎、恶。

意志过程是指人自觉地确定目标，克服内部和外部困难并力求实现目标的心理过程。意志过程包括目的、决心、意志。

② 个性心理包括：个性倾向性和个性心理特征。个性倾向性是推动人进行活动的动力系统，是个性结构中最活跃的因素，决定着人对周围世界认识和态度的选择与趋向，决定人追求什么。个性倾向性包括需要、动机、兴趣、爱好、态度、理想、信仰和价值观。个性倾向性体现了人对社会环境的态度和行为的积极特征，对消费者心理的影响主要表现在对心理活动的选择性、对消费对象的不同态度体验以及消费行为模式上。

个性心理特征是指人的多种心理特点的一种独特的结合，个体经常地、稳定地表现出来的心理特点。比较集中地反映了人的心理面貌的独特性、个别性。主要包括能力、气质、性格。其中，能力标志着人在完成某种活动时的潜在可能性上的特征；气质标志着人在进行心理活动时，在强度、速度、稳定性、灵活性等动态性质方面的独特结合的个体差异性；而性格则更是鲜明地显示着人在对现实的态度和与之相适应的行为方式上的个体特征。

（二）消费心理学

1. 概述

消费心理学是心理学的一个重要分支，它研究消费者在消费活动中的心理现象和行为规律。消费心理学是一门新兴的学科，它的目的是研究人们在生活消费过程中、在日常购买行为中的心理活动规律及个性心理特征。

2. 研究对象

① 研究消费者在购买行为中的心理过程与心理状态。

② 研究消费者心理与市场营销活动的关系。

③ 研究消费者消费心理活动的一般规律。

3. 研究方法

观察法：通过消费者消费过程中的行为表现，了解其内心真实想法及活动；特点是直观、真实、切合实际。

实验法：指在可控制的情境下，研究者系统地操纵自变量，使之系统改变，然后观察因变量随之改变而受到的影响，即探究自变量与因变量之间的因果关系，找出有关心理活动规律的研究方法。

问卷调查法：通过书面问答的方式对消费者进行调查，然后对调查数据进行分析、总结，直接了解消费者的心理状态、活动特点的调查方法。问卷调查法是消费者心理和行为研究常用的方法之一。

二、汽车消费心理学

汽车消费心理学，属于消费心理学的范畴，是依据心理现象研究汽车消费过程中消费者消费行为产生的心理过程和个性心理特征，以便有针对性地为消费者提供汽车购买和使用服务的整体解决方案，同时为企业实现精准营销进而促进销售，提升盈利。

准确把握消费者的心理活动,是准确理解汽车消费行为的前提。研究汽车消费心理,对于经营者来讲,可以使其准确把握消费者的个性心理特征和消费者在汽车消费活动中的心理过程,理解不同类型的客户的汽车消费倾向,为每个消费者提供合适的产品与服务,实现精准营销。研究消费心理,对于消费者来讲,能够使其更加理智地把握自己的消费行为,从而实现更高的消费效益。

任务二　汽车消费与汽车消费心理

一、汽车消费与汽车消费者

(一) 消费

消费是社会再生产过程中的一个重要环节,也是最终环节。它是指利用社会产品来满足人们各种需要的过程。广义的消费分为生产消费和个人消费。前者指物质资料生产过程中的生产资料和生活劳动的使用和消耗;后者是指人们把生产出来的物质资料和精神产品用于满足个人生活需要的行为和过程,是"生产过程以外执行生活职能"。狭义的消费是指个人消费,也称生活消费。

(二) 汽车消费

汽车消费是消费者通过对汽车产品的购买、使用及体验相关服务,满足自身需求和欲望的一种经济行为。

汽车消费主要研究内容:汽车产品消费需求产生的原因,满足消费者汽车产品消费需求的方式,影响消费者选择汽车产品的有关因素。

(三) 汽车消费者

1. 含义

汽车消费者是指为满足个人或组织的需求,购买、使用汽车和接受汽车服务的个人或组织,也指实际参与消费活动某一过程或全部过程的人。

2. 分类

汽车消费者按消费过程划分,分为汽车需求者、购买者和使用者;从消费品的角度划分,分为现实消费者、潜在消费者和永不消费者;按消费者单位划分,分为个体消费者、家庭消费者和集团消费者。

3. 消费方式

汽车消费者的消费方式分为两类:一是购买、使用汽车产品,包括购买汽车产品与它的所有权;二是接受汽车购买和使用过程中的各种服务,包括售前、售中和售后服务。

二、汽车消费心理

汽车消费心理是指消费者在社会总体消费环境的影响下,购买、使用消耗汽车产品的过

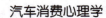

程中调节、控制自身消费行为的心理现象。

汽车消费心理根据受影响范围分为本能性消费心理和社会性消费心理。

本能性消费心理：是由人的生理性因素所决定、是人在自然状态下的心理需要的反映。本能性消费心理的方式和强度受个人的能力、气质、性格影响。

社会性消费心理：是由人所处的社会环境因素所决定、以某种生理因素为条件、在社会状态下的心理需要的反映。社会性消费心理受消费者所处的社会、政治、经济、文化环境影响。

三、中国汽车消费者常见的心理特征

不同的消费者在购车时会有不同的消费心理，从众、求异、攀比、求实四大消费心理诠释了消费者购车过程中的所思、所想。

（一）从众心理

从众心理指个人受到外界人群行为的影响，而在自己的知觉、判断、认识上表现出符合公众舆论或多数人的行为方式，在消费中表现为消费者更加愿意购买别人或者大多数人喜欢购买的产品。这种心理出自一种群体安全感。

例如，大众品牌车型的选购就体现了汽车消费者的从众心理，无论是设计造型，还是产品力抑或是品牌方面，大众都没有明显的劣势，选择大众是最稳妥的，这是大部分消费者的真实心声。鉴于中国消费结构，目前10万元左右的车型是消费主力车型，那么大众为中国市场量身定做的"朗逸"就是很好的选择，以月销40000辆的水平赢得了消费者的信任，"买'朗逸'随大流不吃亏"，"选择大家所选准没错"。

（二）求异心理

求异心理对消费者来说，就是在消费选择中追求与众不同、标新立异、创新思变。在买车过程中，会有部分人坚持为追求个性而选择"小众车型"，这种心理就是典型的求异心理，这是为了凸显自身价值的一种选择。

作为小众品牌中的"小众"，"阿尔法·罗密欧"寄托了很多年轻人的汽车梦，同样也是很多大男孩心中的情结，加上这些人想与路上大量的奔驰C级和宝马3系区别开来，"阿尔法·罗密欧"就成了一个完美的求异选择。无论是时尚的外观，还是特立独行的车标和文化，"阿尔法·罗密欧"的确是一个不错的凸显个性的选择。

（三）攀比心理

攀比心理是指脱离自己实际收入水平而盲目攀高的消费心理。在正常情况下，消费者满足自己消费需要的程度，取决于他们的经济收入水平，但有时由于受一定时期社会消费水平日渐增高、高消费的示范效应及消费者本人"面子消费"心理的影响，消费者的消费行为会被激活，导致互相攀比。

汽车消费的攀比心理就是花更少的钱买到更具价值的车，豪华品牌的紧凑型入门级车型就是最好的选择。宝马1系三厢汽车就是一个不错的选择，价格很有吸引力，可以满足攀比者的虚荣心。

（四）求实心理

求实心理是理性的购买心理（注重功能和实用性等），在购买产品时特别注重产品价

项目一 汽车消费心理学认知

格、质量、性能等。买辆车就是买一个代步工具,只要实用,外观、品牌都是次要的。丰田RAV4就是一个踏实的选择,无论是品牌还是品质,无论是操控还是空间,无论是油耗还是舒适度,丰田RAV4其实都是同级别汽车中不错的选择。

■ 巩固与实训

◆ 知识巩固

1. 人的心理本质是什么?
2. 汽车消费心理学的含义及研究对象是什么?
3. 汽车消费心理的分类有哪些?

◆ 拓展实训

一、实训目标

1. 能应用消费行为理论分析自己和家人的消费行为特征。
2. 能理解研究消费心理的重要性。

二、实训内容

1. 描述你的生活方式。你的生活方式与你的父母有何不同?
2. 在未来5年内,你预期你的生活方式会有什么改变吗?是什么原因引起这些改变?你将购买什么样的新产品或新品牌?

三、实训组织

1. 以学生小组为单位,4～5人为一组开展交流讨论。
2. 交流讨论后进行梳理总结,请一名组员进行总结性汇报。

知识链接

终端销售必知的消费八大心理

营销人员对消费者心理与行为的分析是营销制胜的关键,从品牌、定位到差异化,从定价、促销到整合营销,都是针对消费者的心理采取行动。随着同质化商品的日趋增多,在变革的营销环境下,营销人员将越来越依赖于对消费者心理的把握和迎合,从而影响消费者,最终达成产品的销售。

一、面子心理

有的消费者有很强的面子情结,在面子心理的驱动下,消费会超过甚至大大超过自己的购买或者支付能力。营销人员可以利用消费者的这种面子心理,找到市场、获取溢价、达成销售。众泰SR9发布之后,就在网上掀起了一阵阵狂潮,其造型设计与保时捷Macan如出一辙,吸引了无数人的眼球,其广告语"听说你们想开保时捷,所以我来了",该车上市第二个月就卖到了6747辆。这款车型的设计及营销策略就是迎合了消费者想拥有豪车的面子心理。

二、从众心理

从众指个人的观念与行为由于受群体的引导或压力,而趋向于与大多数人相一致的现象。消费者在很多购买决策上,会表现出从众倾向。比如,购物时喜欢到人多的商店;在品牌选择时，偏向那些市场占有率高的品牌；在选择旅游点时，偏向热点城市和热点路线。

以上列举的是从众心理的外在表现，其实在实际工作中，还可以主动利用人们的从众心理。

三、推崇权威心理

消费者推崇权威的心理，在消费形态上，多表现为决策的情感成分远远超过理智成分。这种对权威的推崇往往导致消费者对权威所消费产品无理由地选用，并且进而把消费对象人格化，从而达成产品的畅销。

现实中，营销对消费者推崇权威心理的利用，也比较多见。比如，利用人们对名人或者明星的推崇，大量的商家在找明星代言、做广告；IT行业中，软件公司在成功案例中，都喜欢列举一些大的知名公司的应用；往更大的范围看，很多企业都很期望得到所在行业协会的认可。

四、爱占便宜心理

刘春雄先生说过："便宜"与"占便宜"不一样。价值50元的东西，50元买回来，那叫便宜；价值100元的东西，50元买回来，那叫占便宜。

他进而说道：有的消费者不仅想占便宜，还希望"独占"，这给商家以可乘之机。比如，女士在服装市场购物，在不还价就不买的威胁之下，商家经常做出"妥协"："今天刚开张，图个吉利，按进货价卖给你算了！""这是最后一件，按清仓价卖给你！""马上要下班了，一分钱不赚卖给你！"这些话隐含如下信息：只有你一人享受这样的低价，便宜让你一人独占了。面对如此情况，消费者鲜有不成交的。除了独占，另外有的消费者并不是想买"便宜"的商品，而是想买"占便宜"的商品，这就是买赠和降价促销的关键差别。

五、害怕后悔心理

每一个人在做决定的时候，都会有恐惧感，生怕做错决定，生怕花的钱是错误的。就是卢泰宏先生提到的购后冲突，所谓购后冲突，是指消费者购买之后出现的怀疑、不安、后悔等不和谐的负面心理情绪，并引发不满的行为。

通常贵重的耐用消费品引发的购后冲突会更严重，为此国美针对消费者的这个心理，说出了"买电器，到国美，花钱不后悔"，并作为国美店的店外销售语。进一步说，就是在销售的过程中，要不断地提出证明给顾客，让他百分之百地相信你。同时你必须时常问你自己：当顾客在购买我的产品和服务的时候，我要怎样做才能给他百分之百的安全感？

六、心理价位心理

任何一类产品都有一个"心理价位"，高于"心理价位"也就超出了大多数用户的预算范围，低于"心理价位"会让用户对产品的品质产生疑问。因此，了解消费者的心理价位，有助于市场人员为产品制订合适的价格，有助于销售人员达成产品的销售。

在IT行业，无论是软件还是硬件设备的销售，如果你了解到你的下限售价高于客户的心理价位，那么下面关键的工作就是拉升客户的心理价位，相反则需要适度提升你的售价。心理价位在终端销售表现就更为明显，以服装销售为例，消费者在一番讨价还价之后，如果最后的价格还是高于其心理价位，可能最终还是不会达成交易，甚至消费者在初次探询价格时，如果报价远高于其心理价位，就会懒得再看，扭头就走。

七、炫耀心理

消费者炫耀心理，在消费商品上，多表现为产品带给消费者的心理成分远远超过实用成分。这一点在时尚商品上表现得尤为明显。

为什么这样说呢？女士都钟爱手袋，一些非常有钱的女士为了炫耀其极强的支付能力，往往会买价值几千元甚至上万元的世界名牌手袋。因此，对消费者来说，炫耀重在拥有或者外表。

八、攀比心理

消费者的攀比心理是基于消费者对自己所处的阶层、身份以及地位的认同，从而选择所在的阶层人群为参照而表现出来的消费行为。相比炫耀心理，消费者的攀比心理更在乎"有"——你有我也有。

曾经热销的MP3、MP4、电子词典能形成相当的市场规模，应该说消费者的攀比心理起到了推波助澜的作用。很多商品，在购买前，萦绕在消费者脑海中最多的就是"谁谁都有了，我也要去买"。对营销人员来说，可以利用消费者的攀比心理，对其与参照群体进行对比，有意强调其参照群体的消费来达成销售。

项目二 汽车消费者的认知心理

 学习目标

掌握感觉与知觉、记忆、注意的基本概念、作用及其在营销中的意义;掌握汽车消费者的认知规律。

 能力目标

会运用注意的规律分析营销活动中人们的认知过程;运用消费者的认知心理分析营销活动对消费者的影响。

 案例引导

捷达的成功

捷达是德国大众汽车集团在中国的合资企业——一汽—大众汽车有限公司生产的汽车品牌。凭借历久弥新的产品品质和强大的品牌号召力,捷达持续引领细分市场。作为"车坛常青树",作为一汽—大众"创·享高品质"形象的奠基者,捷达将德系车沉稳低调、质量可靠、品质卓越的形象深刻地印在国人心中。

从1991年到2016年,一汽—大众捷达品牌叱咤中国车市25年,品质不变、品牌不倒、销量不减、口碑不衰,不仅成为一汽—大众成立25年来辉煌成就的见证者,而且成为时代不可磨灭的标志。

思考:该案例中,捷达成功的原因是什么?

认知心理学(Cognitive psychology),是20世纪50年代中期在西方兴起的一种心理学思潮和研究方向,主要研究人类的高级心理过程,它是通过感觉、知觉、注意和记忆等完成的认识过程。认知心理学关注的是作为人类行为基础的心理机制,其核心是输入和输出之间

项目二　汽车消费者的认知心理

发生的内部心理过程。认知心理学的主要特点是强调知识的作用，认为知识是决定人类行为的主要因素。

在日常生活中，消费者总是面对各种各样的信息，并对其中的某些信息产生兴趣，进行加工，得出认识和判断，进而做出决策后采取行动。消费者对外部信息进行加工的过程也是消费者了解和认识消费对象的过程。从心理学角度来说，认知过程是消费者心理过程的核心部分。

任务一　汽车消费者的感性认知

一、汽车消费者的感觉

（一）感觉的概述

1. 感觉的定义

感觉是人脑对直接作用于感觉器官的客观事物的个别属性的反映。一个物体有它的光线、声音、气味、温度等属性，我们的感觉器官分别反映物体的这些属性，如眼睛看到了光线，耳朵听到了声音，鼻子闻到了气味，舌头尝到了滋味，皮肤感受到了物体的温度和光滑度。每个感觉器官对物体一个属性的反映就是一种感觉。

2. 感觉的分类

内部感觉：机体内部的刺激，反映内脏器官状态的感觉，如饥、渴等内脏感觉。内部感觉反映的是身体位置、运动状态和内部器官的状态，包括运动觉、平衡觉和机体觉等。

外部感觉：由身体外部刺激作用于感觉器官所引起的感觉，包括视觉、听觉、嗅觉、味觉和皮肤感觉（皮肤感觉又包括触觉、温觉、冷觉和痛觉）。消费者对商品的认识主要是通过其外部感觉开始的。

3. 感觉的特性

（1）感受性与感觉阈限　感受性是指感觉器官对外界刺激强度及其变化的感觉能力。感觉能力强，感受性就高；感觉能力弱，感受性就低。

读一读

> 每个人都有感觉器官，但是，每个感觉器官的感觉能力是不同的，有人感觉能力强，有人感觉能力弱。如同一个声音，有人听得见，有人听不见；同样大小的物体，有人看得见，有人看不见，这就是感觉能力的差别。

感觉阈限就是能引起感觉的最小刺激量，感觉阈限低的，很弱的刺激就能感觉到，表明其感受性高；感觉阈限高的，要较强的刺激才能感受到，表明其感受性低。感受性是用感觉阈限的大小来衡量的，两者成反比。

感觉阈限分为绝对感觉阈限和差别感觉阈限。绝对感觉阈限是指能引起感觉器官有感受的最小刺激量，差别感觉阈限是指能引起感觉差别的两个同类刺激之间的最小差别量。

（2）感觉适应　感觉适应是指刺激物对感觉器官持续作用，是感觉器官的敏感性发生变化的现象。适应能引起感受性的提高或降低。感觉适应分为视觉适应、听觉适应、嗅觉适应、触压适应等。例如，嗅觉适应："入芝兰之室久而不闻其香，入鲍鱼之肆久而不闻其臭。"视觉适应："对暗适应"是从亮处到暗处，开始什么都看不见，随着时间的延长，原来看不见的慢慢看见了；"对光适应"是从暗处到亮处，刚一到亮处时，什么也看不见，但很快觉得光线不再刺眼。

（3）感觉对比　感觉对比是指不同刺激作用于同一感觉器官，使感受性发生变化的现象。

感觉对比可以分为同时对比和继时对比。同时对比是指多个刺激物同时作用于一个感觉器官而产生的感受性上的变化，如"万绿丛中一点红""鹤立鸡群""月明星稀"。继时对比是指几个刺激物先后作用于同一感觉器官时产生的感受性变化，如先吃苦药后吃糖觉得糖特别甜，就是继时对比的结果。

请同学们结合自己的生活或学习体验感觉的几种特性。

(二) 感觉与汽车消费者

感觉是消费者认识商品的起点，是一切复杂心理活动的基础。消费者对商品的第一印象或对商品的初步评价都是在感觉的基础上形成的。在汽车消费活动中，消费者与汽车发生接触时，会借助眼、耳、鼻、手等感觉器官感受汽车的物理属性（如颜色、形状、长宽、软硬、光滑、粗糙等）和化学属性（如气味等），通过神经系统传递至大脑，从而引起对汽车的各种感觉，包括视觉、听觉、嗅觉、触觉等。企业在营销活动中可充分运用消费者的感觉，从而激发消费者的购买欲望。

1. 汽车消费者的视觉

人类从客观现实中接收的信息有 85% 是从眼睛输入的，视觉上的刺激主要包括颜色、外形、大小等。美国营销界总结出了"7 秒定律"，即消费者面对琳琅满目的商品，只要 7 秒钟就可以确定对这些商品是否有兴趣。在这短暂而关键的 7 秒之中，色彩的作用达到了 67%。作为车辆的第一感官视觉，车身颜色在一定程度上决定了一台车给人的第一印象。

汽车在中国消费者心目中更多是作为家用的角色，即大多承担家用、上班代步、旅游出行等，中庸、无奇是消费者钟情的，白色、黑色、银色恰好符合中庸、稳重的基调，也符合中国消费者的品位。2015 年，PPG 发表了一份汽车色彩流行趋势报告。其报告内容指出，几乎在每个车型的细分领域中，白色车身的颜色是最受消费者欢迎的。除了白色之外，银色和黑色也同样是畅销颜色，2016 年，白色车辆依然是"领头羊"，覆盖率达（全球）38%，黑色和银色分别占比 16% 和 12%。营销人员可合理利用视觉刺激来沟通和传达营销信息，吸引消费者购买。

> **读一读**

色彩营销渐成潮流　从购车颜色可看车主性格

新车上市，车企对色彩的选择非常重视，有的车企甚至将颜值提升为传播的主要诉求，新产品更是以丰富的色彩为卖点，色彩营销逐渐成为车企面对年轻人营销的重点。

美国营销界总结出了"7秒定律"，即消费者会在7秒内决定是否有购买商品的意愿。商品留给消费者的第一印象可能引发消费者对商品的兴趣，希望在功能、质量等其他方面对商品有进一步的了解。而在这短短7秒内，色彩的决定因素为67%，这就是20世纪80年代出现"色彩营销"的原因。该理论简单地讲就是利用色彩，将产品的思想传达给消费者，从而提高营销效率。

选车颜色看性格

每个人都有展现自我的希望，而进入千家万户的汽车的颜色能在一定程度上折射出车主的性格。

白色。开白色车的人希望展现一个年轻、现代、充满活力的自己。白色还体现出不俗的品位和优雅的气质，与诚实、纯洁等品质联系在一起。

黑色。黑色是一种老练的颜色。选择黑色车的人，多半是成功人士。黑色还彰显了经典、重要性和分寸感。

银色。银色是象征着安全感和新风尚的颜色，其金属光泽意味着创新。选银色车的人可能是一个着眼于上流社会的高端消费者。银色还是中庸的颜色，既不像白色那样易脏，也不像黑色那样吸热。

灰色。灰色蕴含了威严、传统、成熟的气质。灰色汽车的车主一般很低调，不希望在人群中被凸显出来。他们很少关注地位，更多地着眼于维持现状。

红色。积极能干的人更可能选择红色的车，因为红色展现的是行动力、能量和阳刚气。

蓝色。蓝色是令人高兴的颜色，蓝车就像在灰色公路上闪现出蓝天一样。蓝色代表了稳定、可信和真诚，营造出一种良好稳定的家庭氛围，因此居家的人会选择蓝色。

金黄色。金黄色释放的是快乐和积极的情绪。年轻人更能被金黄色吸引，他们更乐意拥抱潮流。

棕色。沉稳的棕色意味着舒适和节省。开棕色车的人往往很会省钱，他们不会给自己太多享受。即便开的是棕色豪车，也多半是精打细算买下来的。

2. 汽车消费者的听觉

美国芝加哥大学的米利曼教授通过研究发现，背景音乐会影响消费者的行为，若音乐速度较快会加快消费者的步伐，缩短购买时间，降低单位时间购买金额；反之，若音乐节奏缓慢，则会增加购买金额。汽车营销人员应利用背景音乐来创造对品牌的积极影响。大多数4S店播放的都是钢琴曲，这种音乐节奏缓慢，有助于客户停留在店内。

除营销过程中背景音乐会对消费者行为产生影响之外，半数准车主还会"闻声辨质"。数据显示，接近半数的被调查准车主在试乘试驾时"关注发动机声音及风噪"，另有10.7%

的被调查者表示"注重内饰和音响效果"。这一现象反映出消费者更加侧重专业参数。

音乐营销对产品的影响

产品是直接面向终端的环节，产品的终端表现力直接影响其品牌形象。音乐营销对产品的影响表现在产品、价格、渠道和促销四个方面，以下将一一说明。

第一，更好地诠释产品。

在音乐营销中音乐作为一个载体，承载着企业想要传达给消费者的信息，如产品的核心理念、企业文化、品牌特征等。轻松愉快的音乐显得产品玩味十足，典雅高贵的音乐显得产品品质高尚，充满爱意的音乐显得产品温馨愉快，这些都是企业想要传达的核心信息。

第二，注入产品附加价值。

定价的目标是在保证市场占有率的条件下争取利润最大化，毋庸置疑，当其他条件不变时，价格越高，利润越大。

音乐营销的手段是通过提升产品形象，从而能够为产品注入附加价值。当"百事"让人们感觉象征着前卫、有性格时，其产品的价值就不仅仅是一瓶饮料那么简单，使用该产品就意味着使用者的生活态度。这种附加价值可以大量地减少诸如降价的销售促进现象，延长产品生命周期，推迟衰退期的来临。这样一来也就提高了产品的价值，保证了更丰厚的利润。

第三，有利于开拓新渠道。

已有的渠道需要内部的有效管理，音乐营销手段所传达的产品内涵不仅是面向消费者的，同时也是面向企业内部的。

良好的品牌形象是对内部员工的"定心丸"，尤其是选择参与其中的分销渠道，如代理商、经销商等。当然，这种良性的影响是呈辐射状的，能够吸引更多的中间商加入其中，形成新渠道。

第四，增强促销效果。

音乐营销在促销上的表现尤为突出。音乐手段直击促销核心，即沟通信息，这种无需语言的交流方式成为品牌与消费者独特的沟通方式。

音乐所传达的产品特点很容易被消费者记住，能够诱导需求，指导消费；音乐是一种美妙的手段，也能使产品在众多竞争者中脱颖而出，让消费者滋生偏爱，从而稳定销售。

3. 汽车消费者的嗅觉

在人类全部感官中，嗅觉是最灵敏的，也是同记忆和情感联系最密切的。科学证明，每个人的鼻子可以记忆10000种味道，嗅觉记忆的准确度比视觉高一倍。嗅觉营销是利用消费者的嗅觉记忆，依靠特定气味吸引消费者关注、记忆、认同，促成销售以及最终使消费者形成对企业品牌的忠诚度营销方式。

例如，在2007年德国法兰克福国际车展上，每家汽车厂商摆在展厅的硬件设备，视听都极力达到吸引最多顾客的效果。宝马则在自己的展厅内放置了旁源型扩香设备并选择宝马设计的香型，一时间客人"闻香"而来，宝马选择了"鼻子比脚步更快"的战略，很多客人先闻到了香味，然后才找到了宝马的展厅，一时间宝马的展厅人头攒动，此次嗅觉营销既达到了吸引人气的作用，又很好地诠释了宝马的品牌。

4. 汽车消费者的触觉

生理心理学家认为，触觉是皮肤感觉中的一种，是轻微的机械刺激，使皮肤浅层感受器兴奋而引起的感觉。触觉感受器在头面、嘴唇、舌和手指等部位的分布极为丰富，尤其是手指尖。触觉是最直观的体验，如通过触摸感、新体验等来促使消费者身临其境，从而驱动其内心的欲望产生购买行为，如在销售过程中给予汽车消费者试乘和试驾服务，使其加深对该款汽车的良好感觉，进而产生购买欲望。

二、汽车消费者的知觉

（一）知觉的概述

1. 知觉的定义

知觉是人脑对客观事物整体的反映，即知觉是客观事物直接作用于感官而在头脑中产生的对事物整体的认识。

感觉和知觉都是客观事物在人脑中的反映，两者的区别在于：感觉只能反映事物的个别属性，知觉却能认知事物的整体性；感觉是单一器官活动的结果，而知觉却是各个器官协同活动的结果；感觉不依赖于人的知识和经验，而知觉却受人的知识经验的影响。

2. 知觉的分类

根据知觉所反映的事物的特征，知觉可分为空间知觉、时间知觉、运动知觉。

空间知觉：是对物体的空间关系的认识，它包括形状知觉、大小知觉、方位知觉和深度知觉。

时间知觉：是人脑对客观现象的延续性和顺序性的感知，即对事物运动过程的长短和先后的知觉，具体包括时序知觉、时距知觉和时间点知觉三种。

运动知觉：是人脑对物体的空间位移和移动速度的知觉，它分为真动知觉和似动知觉。人依靠运动知觉判断物体的静止和运动以及运动速度的快慢。

根据某个感觉器官所起的优势作用，知觉可分为视知觉、听知觉、触知觉。

视知觉：是一种将到达眼睛的可见光信息进行解释，并利用其来计划或行动的能力。视知觉是更进一步地从眼球接收器官到视觉刺激，一路传导到大脑接收和辨识的过程。因此，视知觉包含了视觉接收和视觉认知两大部分。简单来说，看见了、察觉到了光和物体的存在，是与视觉接收好不好有关；但了解看到的东西是什么、有没有意义、大脑怎么做解释，是属于较高层的视觉认知的部分。

听知觉：是在听觉的基础上对某种事物发出的声音的感知能力。听知觉具体包括听觉专注力、听觉分辨力和听觉记忆力。

触知觉：是指个体通过触觉获得外界信息，并借助原有知识经验，所产生的对当前事物的各属性、各部分及其相互关系的综合整体反映。

3. 知觉的特性

知觉的特性包括选择性、整体性、理解性、恒常性。

选择性：是指个体根据自己的需要与兴趣，有目的地把某些刺激信息或刺激的某些方面作为知觉对象，而把其他事物作为背景进行组织加工的过程。

人们总是有选择地把只对自己有重要意义的刺激物作为知觉的对象。知觉的对象能够得到清晰的反映，而背景只能得到比较模糊的反映，因而可以很清晰地感知一定的事物。比如，在课堂上，学生把黑板上的文字当作知觉对象，而黑板及周围环境中的其他东西（如电扇、灯管、墙贴等）便成了知觉的背景。知觉的选择性举例如图2-1所示。

图2-1　知觉的选择性举例

读一读

> 人的知觉能力是有限的，当外来刺激超出个体在正常情况下所能接受的能力时，一部分刺激就要受到心理上的排斥。一般来说，人平均每次所能考虑的项目难以超过7个。一个消费者在对某种商品做出购买决定时，尽管在那里有很多可供选择的不同品牌的商品，但一般也只能考虑5个甚至更少的商品。
>
> 对广告的知觉也是一样。1969年，美国广告公司协会与哈佛大学联合进行过一次全国范围的调查，了解消费者在半天内实际看到商品广告的情况。结果表明，大多数接受调查的消费者半天内只注意到11～20个商品广告，而一般成年人半天内遇到的商品广告可能有150个。这说明看到广告和知觉到广告是两码事。
>
> 因此，在汽车产品经营活动中，对展厅内汽车的陈列、摆放等应注意将背景与汽车产品衬托，对比明显才有利于顾客选择。

整体性：是指个体根据自身的知识经验，对刺激物的个别属性或特征进行加工处理，使知觉保持统一和完备的特性。人的知觉系统具有把个别属性、个别部分综合成整体的能力。

知觉的整体性不仅与刺激物的特性有关，也与个体的主观状态有关，个体过去的知识、经验可对当前知觉活动提供补充信息。如观看缺口的圆环，没顶的三角时，心目中仍能将缺少的部分补足，完成一个整体的形象，如图2-2所示。

项目二 汽车消费者的认知心理

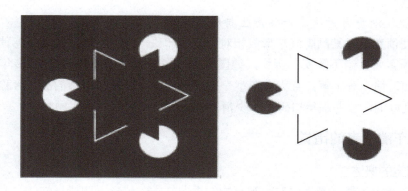

图 2-2 知觉的整体性举例

知觉的整体性使消费者总是从一个完整产品的意义上理解汽车，如表 2-1 所示。

表 2-1 知觉的整体性

产品	服务	人员	渠道	形象
特色	订货方便	能力	专业化	品牌
性能	送货	资格	效能	标志
一致性	安装	诚实	方便性	覆盖面
耐用性	客户培训	可靠	维修点	文字及视听传媒
可靠性	维修服务	专业	联络方式	诚信
可维修性	其他多种服务	负责		担保
		尽心		

理解性：是指人们在知觉外界物体时，会根据已有的知识经验为基础去理解和解释事物，并用词语把它揭示出来的特性。

理解使知觉更为深刻，使知觉更为精确，能提高知觉的速度。在知觉过程中，知识和经验充足有利于全面、深刻地知觉事物。例如，对于一张汽车剖视图，不懂工学的人很难知觉到有用的信息，而长期从事工程的人却能获知这个汽车都由哪些零件组成。

恒常性：是指由于受知识和经验的影响，当知觉条件发生变化时，人的知觉仍然保持相对稳定或不变的印象，简称"知觉常性"。知觉的恒常性主要受个体过去经验的影响，它不是先天具备而是后天习得。例如，形状恒常性、大小恒常性、颜色恒常性、亮度恒常性、方向恒常性等。

（二）知觉与汽车消费者

消费者知觉是指消费者对消费对象的主动反映过程，且这一过程受到消费对象特征和个人主观因素的影响。在汽车消费活动中，知觉能够有效地影响消费者的购买心理和行为。

1. 知觉影响消费者对汽车产品的选购

其一，知觉能帮助消费者对所需汽车产品进行选择。在消费活动中，知觉能使消费者更多地注意到自己青睐的车型，淡化对无关汽车产品的注意，更快地聚焦目标车型。其二，在消费活动中，知觉能够促使消费者利用已有的知识、经验，全面、深刻地感知品牌车型的实际功能、价格、质量，以及该品牌车型对于自身需求的满足程度，从而做出相对理想的购买决策。

2. 知觉能使消费者对汽车产品产生特殊情感

知觉能使消费者对某品牌汽车形成相对稳定的印象，或喜爱或厌恶的情感使得消费者要么成为忠实顾客要么绝不购买。例如，德国大众汽车进入中国市场已有 30 多年，对中国人的用车要求和习惯十分了解，且大众车型一直以严谨做工、精益求精的品质著称，给中国消费者留下了良好的印象并赢得口碑，不少消费者成为大众品牌的忠实顾客。

三、汽车消费者的错觉

（一）错觉的概述

错觉是在特定条件下产生的对客观事物的歪曲知觉。错觉又叫错误知觉，是指不符合客观实际的知觉，包括几何图形错觉（高估错觉、对比错觉、线条干扰错觉）、时间错觉、运动错觉、空间错觉，以及光渗错觉、整体影响部分的错觉、声音方位错觉、形重错觉、触觉错觉等。

错觉是对客观事物的一种不正确的、歪曲的知觉。错觉可以发生在视觉方面，也可以发生在其他知觉方面。例如，当你掂量一公斤棉花和一公斤铁块时，你会感到铁块重，这是形重错觉；当你坐在正在开着的火车上，看车窗外的树木时，会以为树木在移动，这是运动错觉；等等。视觉错觉几何图形如图 2-3 所示。

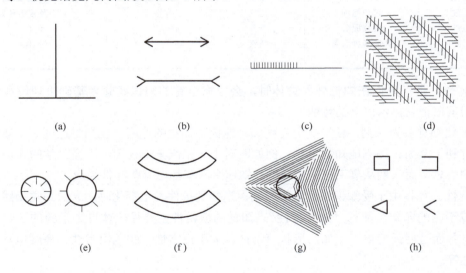

图 2-3　视觉错觉几何图形

（a）横竖错觉：看起来横线短、竖线长，实际上横线和竖线一样长；（b）缪勒—莱伊尔错觉：两条线一样长，一条加了箭头，一条加了箭尾，看起来箭头线短、箭尾线长；（c）"填充"与"空白"错觉：左半段似乎长于右半段（d）"平行"与"交叉"错觉：平行线似乎不平行了；（e）结构错觉：实际上两个圆形相等；（f）空间错觉：实际上两个空间相等；（g）背景错觉：由于直线与曲直线的作用，圆形似乎不圆了；（h）闭合错觉：闭合图形比开口图形显得小

（二）错觉与汽车消费者

现实中，消费者并不总是能够准确无误地认知商品。消费者认知的偏差、企业的定位误

导、媒介宣传不全面等因素，都会导致消费者的知觉偏离事物的本来面目，发生歪曲现象。有的消费者笃信"好货不便宜，便宜没好货"的信条，因此对物美价廉的商品产生质量错觉。例如，广大的消费者对奇瑞品牌的一贯认识是价位低廉，即使奇瑞旗下的旗云拥有宝马MINI的发动机，可能在有的消费者的心中也感觉是"低档"的。

但是错觉现象并非无益，在汽车营销活动中，企业经常利用错觉（尤其是视觉错觉）现象制订商品销售策略。例如，有的4S店通过合理的灯光布置和商品陈列，使汽车看起来档次很高、颜色鲜艳，从而激发消费者的购买欲望。

任务二　汽车消费者的理性认知

一、汽车消费者的注意

（一）注意的概述

1. 注意的概念

注意是心理活动对一定对象的指向和集中，是伴随着感知觉、记忆、思维、想象等心理过程的一种共同的心理特征。注意是一个心理学概念，属于认知过程的一部分，是一种导致局部刺激的意识水平提高的知觉的选择性的集中。例如，侧耳倾听某人说话，而忽略房间内其他人的交谈。

注意有两个基本特性：一是指向性，是指心理活动有选择地反映一些现象而忽略其他对象；二是集中性，是指心理活动停留在被选择对象上的强度或紧张，具体来讲，是指个体的心理活动只关注所指向的事物而忽略或屏蔽其他事物。指向性表现为对出现在同一时间内的许多刺激的选择；集中性表现为对干扰刺激的抑制。注意的产生及其范围和持续时间取决于外部刺激的特点和人的主观因素。

注意是伴随心理过程的心理现象，但不属于心理过程。

2. 注意的特征

（1）注意的稳定　注意的稳定是指主体对选择的对象注意能稳定地保持多长时间的心理品质特性。注意的稳定性与个体精神状态和刺激物特点有关。主体从事活动态度积极、精神状态良好、意志坚定，注意的稳定性就高；刺激物内容丰富、活跃、多变，更容易使人保持稳定的注意。

（2）注意的广度　注意的广度是在同一时间内一个人能够清楚地察觉或认识客体的数量，也称注意的范围。在同一时间内，注意的广度越大，知觉的对象就越多；注意广度越小，知觉的对象也越少。以信息论的观点来讲，是指在注视点来不及移动的很短的时间（0.1秒）内，神经系统所能同时接收的信息量。例如，在1/10秒的时间内，成人一般能把握8～9个黑色圆点，把握4～6个不相联系的外文字母，以及4～5个没有联系的汉字。

注意广度在生活实践中有很重要的意义，注意广度的扩大，有助于一个人在同一时间内输入更多的信息，提高工作效率，能够使人更好地适应周围世界。

（3）注意的分配　注意的分配是指主体在同一时间内把注意指向两种或两种以上的活动或对象上。例如，教师一边讲课，一边还能观察学生听讲的情况；学生上课时，边听边记；人们骑自行车时，边骑边聊天。

注意的分配是有条件的。

① 有熟练的技能技巧。也就是说，在同时进行的多项活动中，只能有一种活动是生疏的，需要集中注意于该活动上，而其余动作必须达到一定的熟练程度，可以不假思索地稍加留意即能完成。

② 有赖于同时进行的几种活动之间的关系。如果它们之间没有内在联系，同时进行几种要困难些。当它们之间形成某种反应系统后，组织得更加合理时，注意分配才容易完成。

（4）注意的转移　注意的转移是指主体有目的地、及时地把注意从一个对象转移到另一个对象上。注意转移的快慢和难易取决于原来注意的紧张程度和新注意对象的性质特点。例如，消费者听完对汽车的介绍后再去看车，要比挑选过冰箱后又去比较洗衣机，注意的转移相对要容易得多。

3. 注意的分类

（1）不随意注意、随意注意、随意后注意　按照目的性或需要意志努力的程度，注意分为不随意注意、随意注意、随意后注意。

不随意注意：又称无意注意或被动注意，是指事先没有目的也不需要意志努力的注意。因为不需要意志努力，所以个体在注意过程中不易产生疲劳。它主要是由外界刺激物引起的并伴随人情绪上的反应，而且在人们事先处于毫无准备的状态下发生。例如，突如其来的一声巨响、一道强光、一种鲜艳的颜色，都会立刻引起我们的注意；在听报告时，如果报告人的声音突然停止了，马上就会引起听众的注意；"万绿丛中一点红""鹤立鸡群"，就容易成为注意的对象。

随意注意：又称有意注意或主动注意，是指有预定目的、需要一定意志努力的注意。这是一种主动的、服从于一定目的要求的、必须付出意志努力的注意。例如，当我们决定要做某件事情（如学习）时，会在做这件事的过程中有意地把注意集中在我们认为要做的事情上。有意注意受人的意识的自发调节与支配，是注意的高级阶段。

随意后注意：是注意的一种特殊形式，是指有自觉目的但不需要意志努力的注意。从特征上讲，它同时具有不随意注意和随意注意的某些特征。它和自觉的目的、任务联系在一起，这方面类似于随意注意，但不需要意志努力，又类似于不随意注意。随意后注意既服从于当前活动的目的与任务，又能节省意志努力，因而对完成长期的、持续的任务特别有利。

（2）选择性注意、持续性注意、分配性注意　按照注意的特性或品质，注意分为选择性注意、持续性注意、分配性注意。

选择性注意：是指在外界诸多刺激中仅仅注意到某些刺激或刺激的某些方面，而忽略了其他刺激。人的感官每时每刻都可能接受大量的刺激，而知觉并不是对所有的刺激都做出反应。知觉的选择性保留，保证了人们能够把注意力集中到重要的刺激或刺激的重要方面，排

项目二 汽车消费者的认知心理

除次要刺激的干扰,更有效地感知和适应外界环境。

持续性注意:是指注意在一定时间内保持在某个认识客体或活动上,也叫注意的稳定性。

分配性注意:是指个体在同一时间内对两种或两种以上的刺激进行注意,或将注意分配到不同的活动中。例如,训练有素的驾驶员可以一边驾车一边谈话。

(二)注意与汽车消费者

汽车消费者在选车、购车过程中,心理活动会在某时刻有选择地指向一定对象并集中停留于该对象。引起汽车消费者注意的有以下因素。

1. 汽车品牌及广告

汽车品牌是影响汽车消费者注意的关键因素。多数消费者注重汽车的品牌,是因为品牌通常代表了汽车的质量、特性及企业的实力。例如,德系车车型做工严谨、技术先进;美系车车型粗犷;法系车车型浪漫。

汽车广告是汽车品牌的助力因素,恰如其分的广告会吸引消费者的注意,进而起到提升汽车品牌效应和开拓市场的作用,真正起到"四两拨千金"的效果。例如,奥迪汽车的"科技启迪未来",丰田汽车的"车到山前必有路,有路必有丰田车",这些广告词能生动形象地描述品牌特色,同时还让消费者对品牌有所认知。

2. 汽车外形及综合性能

汽车外形是吸引消费者注意的第一要素,包括车身的形状、颜色及附加装置等。汽车消费者在购车时通常会考虑其综合性能,主要包括动力性、舒适性、稳定性和经济性,因为消费者在平常的生活中会常常听到关于某种车型的优点与缺点。例如,我们通常说国产车价格便宜但"小毛病多",美系车安全、动力强劲但"油耗大",德系车中规中矩且保值。

3. 购车服务

汽车是一种特殊商品,因其营销服务环节及售后服务环节的品质对汽车消费都有影响。在销售过程中,汽车消费者会注意到汽车销售的环境、营销人员的礼仪、4S店的展厅布置、接待人员专业素养、售后服务质量等方面。

4. 购车成本

消费者在购车时,或多或少都会注意到购车成本,因为汽车的消费不是一次性的,除了购车时的车价、税费、上牌费,还包括使用期间的维修费、保养费、油费和保险费等。

二、汽车消费者的记忆

(一)记忆的概述

1. 记忆的概念

记忆是指人脑对过去经历过的事物的反映,是人脑重要机能之一。人们在工作、生活实践中所感知过的事物、思考过的问题、体验过的情绪和练习过的动作,都可以成为记忆的内容。消费者的记忆与其搜索过商品的信息以及认知商品、体验商品、做出购买决策等活动有密切关联。

2. 记忆的过程

记忆的基本过程包括四个环节，分别是识记、保持、回忆和再认。

识记：是学习与取得知识和经验的过程，是记忆过程的开始和前提。消费者是运用视觉、听觉和触觉对商品信息进行了解和熟悉，进而形成对该商品的认知，在大脑皮层留下商品印记。

保持：是指知识和经验在大脑中储存和巩固的过程。消费者对商品信息反复了解以及企业对商品信息重复传递（如通过广告促销、人员促销、销售促进和公共关系等方式传递商品信息），就能使商品信息较长时间地储存在脑海中。

回忆：是指从大脑中提取知识和经验的过程。消费者在选购商品的过程中，通常试着将过去保留在大脑中对商品的认知的信息再现出来，以便帮助消费者更好地选择及评估购买的可能性。

再认：指过去感知的事物在脑海中重新出现的现象。例如，消费者在商场中购物时，能认出使用过或在电视广告中见过的商品。

识记是记忆的开始，是保持和回忆的前提，没有识记就不可能有保持。识记的材料如果没有保持，或保持得不牢固，也不可能有回忆或再认。所以，保持是识记和回忆的中间环节。回忆是识记和保持的结果，也是对识记和保持的检验。

（二）记忆与汽车消费者

汽车消费者的记忆，包括记忆的内容、记忆的形式和记忆的过程。其中，记忆的形式、记忆的过程与消费者的注意、消费者的感知有密切关系。

1. 广告记忆

广告的媒介有平面广告（报纸、杂志、平面印刷、户外广告）和电波广告（电视、广播）及网络广告。大多数汽车消费者主要通过电视、网络或户外等媒介来感知和记忆汽车广告。

2. 品牌记忆

汽车消费者对汽车品牌的记忆是通过电视、报纸和网络来实现的。电视和报纸的广告对消费者来讲是短暂的记忆，现今的消费者大多通过网络来搜集更多关于汽车品牌的信息，加深对品牌的认知。

3. 价格记忆

电视上的汽车广告一般不报价，网络上通过信息检索能够看到汽车报价。例如，汽车之家网站，上面有厂商指导价、经销商报价，且有经销商的价格区间，方便类比。所以汽车消费者在进店购车时，已经了解基本车价，汽车营销人员就要权衡消费者的已知心理价位，从而进行合理报价。

4. 车标记忆

车标代表了品牌，相当于人的脸，记住了车标，也就记住了一个品牌。每辆车的前、后方都有车标，车标也会让消费者形成记忆，直接影响汽车消费者的购买行为。

5. 外形记忆

每辆车都会有自己独特的外形。例如，一汽 - 大众的几款车：捷达给人的感觉就是"方"；宝来给人的感觉就是"圆"。每个车型都有自己的特点，就像人们能记住"甲壳虫"，是因为它的外形独一无二。汽车消费者要买的车型，是他要重点记住的车型，他可能在看到车辆时会出现"知觉的选择性",对别的外形的车也就视而不见了。

6. 色彩记忆

每款车型都有几种色彩,消费者会依据自己的偏好选择喜欢的颜色。汽车营销者可根据消费者的年龄、性别、性格和文化观念等来判断其爱好的色彩。

7. 服务记忆

给人以美好回忆的服务,会让人铭记,这种记忆更持久难忘,因为有感情因素在起作用。因而,营销人员要采用情感营销、服务真诚、态度真诚,用心用情对待每位顾客,顾客会因美好的感知记住你,记住品牌。

8. 口碑记忆

口碑对一个企业来说至关重要,是企业的无形资产,能维系老客户,更能赢取忠诚客户。口碑要靠企业产品和服务质量的优良来说话,且要长期地坚持,才能形成良好的口碑,口碑就是广告。

三、汽车消费者的联想

(一)联想的概述

联想是回忆的一种形式。联想是由正在经历的事物或想起的某一事物引起,又回想起与之相关联的另一事物,从而形成神经中枢的暂时联系,并使这种联系活跃起来。

联想有接近联想、类似联想、对比联想和因果联想四种形式。

接近联想是指两种事物在位置、空间距离或时间上比较接近的联想。

类似联想是指两种事物在大小、形状、功能、背景、时间等方面类似的联想。

对比联想是指两种事物在大小、形状、功能、背景、时间等方面相反的联想。

因果联想是指两种事物之间存在因果关系的联想。

(二)联想与汽车消费者

消费者联想是消费者由一种事物想到另一种事物的心理活动过程。

汽车消费者的品牌联想十分常见。品牌联想是指提到某一品牌时消费者大脑中会浮现出来的所有与这一品牌有关的信息。领导品牌、强势品牌的一个重要特点就是能引发消费者丰富多彩的联想。比如,宝马品牌因其以"十分灵活轻便的操纵性能"为主要特性,使消费者第一时间产生的联想就是"驾驶的乐趣",正所谓"开宝马、坐奔驰",因而宝马的使用者一般为年轻人、新锐、娱乐界人士、艺术界人士。

汽车营销者希望品牌能够带来可持续利润,需要在消费者脑海中形成品牌联想。对一个品牌所能联想到的所有的信息能深深触动消费者的内心世界,并使之产生积极、美好、愉悦的心理体验,消费者就会认同、喜欢乃至爱上这个品牌。触动消费者内心的联想后,该品牌与消费者就具有深厚的情感联系、很高的品牌忠诚度与抗风险能力,使消费者不对价格敏感,降低对促销与价格战的依赖性,并提升溢价能力(在成本和功能接近的产品中卖出更高的价格)。

四、汽车消费者的思维

(一)思维的概述

思维是人脑对客观事物的本质和事物之间内在联系的认识,思维作为一种反映形式,它的最主要的特征是间接性和概括性。

思维的间接性表现在，它能以直接作用于感觉器官的事物为媒介，对没有直接作用于感觉器官的客观事物加以认识。例如，早起看到满地都是白茫茫的雪，就可以判断昨晚下雪了（尽管下雪的过程没有看到，但依据眼前的景象可思考推断出雪是昨天夜里下的）。

思维的概括性表现在，它可以把一类事物的共同属性抽取出来，形成概括性的认识。例如，形成树的概念之后，在看到具体有树的基本特征的植物时，就会自然而然地把它归入树的范畴之中；"月晕而风""础润而雨"就是概括了事物之间的有机联系。

（二）消费者思维与汽车消费者

消费者思维是指消费者对商品本质特征的间接、概括的反映。思维是在感性材料的基础上通过对感性材料的分析，概括出事物的本质和规律。在消费过程中消费者会有一个思维过程，包括分析过程、比较过程和评价过程。

消费者在汽车购买和使用过程中，首先会在掌握了一定量的感性材料的基础上进行分析，缩小范围选出满足自己需求的最佳车型。例如，汽车消费者要分析确定购买国产车抑或合资车还是进口车，是购买燃油车抑或混动车还是新能源车，出发点不同，后期结果就不同。在此基础上，消费者会找到线上或线下信息进一步对品牌、产品、服务等进行多方面比较，努力找寻、充分发掘自己可以获得和需要追求的利益。随后，消费者会通过自己的思考并参考旁人的意见或建议，运用判断、推理的思维方式，理性认识欲购买车型，对购买决策做好心理准备。购买之后消费者仍然会对其进行购后分析、比较和评价，加深思维过程，在反复的感知中对商品加深理性认识。

巩固与实训

◆ **知识巩固**

1. 汽车消费者对汽车的感知有哪种形式？
2. 无意注意与有意注意的区别有哪些？
3. 知觉对汽车消费的影响有哪些？
4. 汽车消费者购车时的记忆内容主要有哪些？

◆ **拓展实训**

一、实训目标

观察力的训练：

1. 让同学们能够通过观察细节，分析和掌握消费者的需求，训练同学们"捕捉细节"的能力。
2. 让同学们思考讨论销售顾问与消费者进行交流和沟通的好方法。

二、实训内容

1. 以小组为单位，进行角色扮演（角色扮演有销售顾问和顾客）。抽签决定哪个小组是销售顾问的角色，哪个小组是顾客的角色。小组讨论，撰写角色剧本。（要设定自己角色的话语或话术）
2. 扮演销售顾问的同学要认真仔细观察"顾客"的言行举止，倾听分析"顾客"的每一句话。扮演顾客的同学要讲明自己的需求，设定异议内容，与"销售顾问"进行沟通。

项目二　汽车消费者的认知心理

新能源汽车推广已转向"消费者认知"

两场"联姻"让江淮iEV、江淮蔚来、江淮大众共同构建起新能源乘用车"3V"铁三角,进一步强化江淮汽车在新能源乘用车领域的竞争优势,加速新能源汽车由"先进制造"向"高端智造"跨越。江淮汽车新能源乘用车公司副总经理汪光玉认为:造车三股力量正在江淮集结,"新能源汽车推广的最大瓶颈已经转向了消费者的认知"。

双积分机制对行业有促进作用

2017年9月(以已发布的内容为准),工信部发布了《乘用车企业平均燃料消耗量与新能源汽车积分并行管理办法(征求意见稿)》,未来对企业的油耗积分和新能源积分将实行并行管理,汽车制造商除了需要降低燃油消耗来获取油耗正积分,还必须出售足够数量的新能源汽车才能获得相应的新能源积分。

"双积分机制的发布对于整个行业有促进作用。这种促进作用是双向的,既促进传统车企,也促进新能源车企。"汪光玉说,"对传统车企而言,传统燃油车需要节能,按照节能的线路图,2015年百公里油耗是5升,到2020年达到4升,江淮汽车很早就启动了关于节能技术的绿程计划,用于推动燃油车的节能。""另一方面,对于新能源车来说,你不发展,油耗不达标将有负积分,它对燃油汽车和新能源汽车的结构比例将起到调节作用。江淮汽车在混动和纯电动上都有商品化,都有技术储备,这对我们是一个利好。"

造车三股力量正在江淮集结

在国内新能源乘用车领域,江淮新能源是早期的布局者之一:从iEV1到iEV7,江淮汽车独创"迭代研发",截至2017年11月,江淮iEV累计示范推广突破6.5万辆,累计行驶里程突破10亿公里,单车最高运行里程25.1万公里。"目前,江淮汽车已经构建起大数据分析研究平台,平台已超过6万台车,每日约产生1500万条数据,通过大数据的应用,逐代突破复杂的产业化技术。"汪光玉表示。

与此同时,江淮汽车正在更高的层面上整合资源。2016年,江淮汽车和德国大众合资生产纯电动乘用车项目已经被列为安徽省先进制造业发展"一号工程";此外,互联网造车的代表蔚来汽车也将实现在江淮汽车的生产,双方已经达成高达100亿元的战略合作。"造车不是一朝一夕可成,几乎每一道工艺都需要积累,同时,互联网的思维,消费者的需求正在融合进来,将形成相互促进的叠加效应。"汪光玉说,"互联网新兴力量、传统车企、合资合作,造车最重要的三股力量,正在江淮整合。"

新能源汽车推广的瓶颈再认知

2017年10月,江淮汽车发布了iEV7S纯电动汽车,公布售价为20.71万元,国地补及企业i蓝基金补贴后消费者实际支付的售价11.95万元,性价比优势充分彰显。

"iEV7S在国内拥有四大领先技术:第一,它突破了高比能电池包液冷技术的应用,这个应用的好处就是让我们的电池工作状态在10摄氏度到35摄氏度运行是相对安全的,也就是突破了不同气候的影响;第二,独创了五层级的安全保障技术体系;第三,突破了四大类防驾驶冲击的电驱动技术;第四,国内领先的单踏板操作与能量回收系统应用。"

12月4日，江淮汽车披露产销快报数据显示：2017年前11个月江淮新能源乘用车总共销售26402辆，同比增长66.35%；生产26994辆，同比增长65.57%。"江淮新能源乘用车在私人领域应用的占比达到75%以上的份额，另外，我们今年在模式创新上，特别是像国内的分时租赁和政府公车改革租赁领域，也取得了很大的进展。"汪光玉表示。在他看来，新能源汽车在性能上已经完全能够满足目前的主流消费需求："新能源推广最大的瓶颈已经转向了消费者的认知。在认知领域，新能源汽车可以概括为'不用不知道，一用爱不释手'，所以，如何突破认知，让广大消费者体验认同，让车辆方便出行的同时，成为安全易控、大众E行的智能终端，是行业努力的重点。"

资料来源：2017年12月7日　安徽商报

项目三 汽车消费者的消费过程心理

 学习目标

了解汽车消费者的需要与动机；了解情绪情感的内容和特点，理解情绪情感的意义和效能；了解汽车消费者的态度对购车的影响。

 能力目标

学会分析汽车消费者的动机特征及购买动机的主要类型；明确需要、动机与购买行为之间的关系。

 案例引导

卖鞋的启示

一家美国的鞋业公司要把自己生产的鞋卖给某个非洲国家的居民。该公司的总经理首先派财务经理去考察这个国家的市场，一周以后，这个财务经理发回了一份电传："这个国家的人不穿鞋，因此没有鞋业市场！"

财务经理回来之后，该公司决定把公司最好的推销员派到这个国家做进一步的考察，以证实财务经理的观点。同样是一周以后，这个推销员也发回了一份电传："这个国家的人不穿鞋，但是，有巨大的鞋业市场！"

公司的老总对两人的结论权衡之后，决定派自己的营销经理到这个国家进行考察。该营销经理首先取得了部落酋长的支持与合作，然后，他同当地的居民进行交流，给他们讲穿鞋的好处，并教给他们穿鞋的方法。当地的居民被他说服后，却提出了一个非常现实的问题："我们的脚普遍较小，而且最主要的是我们这个国家很穷，我们没有钱来买你的鞋。"该经理回答道："脚小的问题很好解决，我们可以重新设计我们的鞋来适应你们的脚。另外，我发现你们这个国家盛产世界上最甜的菠萝，我们可以帮助你们做易货贸易，将这种水果出口，这样便可以换回大量的外汇，于是你们国家的生产总值就可以获得增长，因此每个人就有了钱，有钱就可以买我们的鞋。"该经理大致测算了未来三年内的销售收入及相应的成本，估计资金回报率可达到30%，因此建议公司尽快开辟这个市场。

启示：这是一个典型的关于如何识别潜在需要与现实需要的案例。财务经理认为这里没有市场，一走了之。而推销员认为这里是一个极大的潜在市场，有大量的潜在需求，只要宣传方式得当，就能把潜在需求变为现实需求。同时，案例也说明了消费需求的可创造性，它会随着社会和科技的进步及经济的发展而变化；而且，有些需求实际存在，但却没被企业发现或者企业对其不予关注。对于这样的潜在需求，要靠企业去挖掘、去引导。

任务一　汽车消费者的需要

一、需要的概述

（一）需要的定义

需要是人们在个体生活和社会生活中感到某种缺乏而力求获得满足的一种心理状态。需要是人脑对内外环境的客观需求的反映，是人脑对生理需求和社会需求的反映。

对需要定义的理解有以下方面。

需要是人脑的反映，也是客观现实的主观反映。

需要的产生是主体内部的缺乏感和客观环境刺激两者共同作用的结果。

需要既是客观的，又是主观的。需要是客观的，是因需要的满足离不开客观条件，离不开客观刺激；需要是主观的，是因需要在每个人身上的表现不同，即"缺乏感"不同。有人强烈些，有人一般，有人能忍住，有人忍不了。

（二）需要的特征

1. 生产力决定性

人的需要是由生产力发展水平决定的。在经济落后、生活水平低下的时期，人们需要的是温饱；在经济发展、生活水平高的时期，人们不仅需要丰裕的物质生活，也开始需要高雅的精神生活。

2. 阶段性

人的需求随着年龄、时期的不同而发展变化。婴幼儿时期主要是生理需求；少年时期主要是对知识、安全的需求；青年时期主要是对事业、婚姻的需求；成年时期主要是对成就、名誉、地位、尊重的需求。

3. 周期性

人们的衣、食、住、行，有一定的周期性。在穿衣方面，唐装曾在20世纪40年代盛行，中华人民共和国成立后，就不再流行。而在2001年，上海合作组织会议上，每位领导都穿了唐装，之后不久又开始流行唐装。穿衣由最初的纯棉到化纤，现在又回到纯棉。在吃的方面，由粗粮到细粮，现在又倡导粗粮。在住的方面，由农村到城市，又回归到农村。在行的方面，由步行到骑车、坐车到开车，又回到步行。

4. 丰富性

人的需要是多方面的、多种多样的。人有物质需要也有精神需要。物质需要有很多，精神需要也有很多。

5. 独特性

人与人之间的需要有共性，也有独特性。年龄不同、身体条件不同、社会地位不同、经济条件不同，都会在物质和精神方面有不同的需求。

（三）需要的类型

① 从需要的内容结构的角度划分：有物质需要和精神需要。
② 从需要存在的形态划分：有生存需要与发展需要。
③ 从需要的主体划分：有个体需要和群体需要。

（四）马斯洛需要层次理论

马斯洛需要层次理论是人本主义科学的理论之一，由美国心理学家亚伯拉罕·马斯洛于1943年在《人类动机理论》论文中所提出。书中将人类需要像阶梯一样从低到高按层次分为五种，分别是生理需要、安全需要、社会需要、尊重需要和自我实现需要。如图3-1所示。

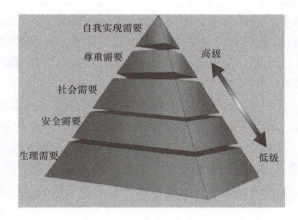

图3-1　马斯洛需要层次理论

1. 生理需要

生理需要是指人为了满足生存需要而产生的对外界事物（如空气、阳光、食品等）的需要，是人类维系生存和发展而产生的需要，是人最原始、最基本的物质性需要。只有生理需要被满足到维持生存所必需的程度后，其他需要才有可能成为新的激励因素。

2. 安全需要

安全需要是指人为了保护自己的身体、精神不受威胁或保证安全而产生的需要。安全需要包括安全、稳定、依赖、免受恐吓、焦躁和混乱的折磨，对体制、秩序、法律、界限的需要。一般来讲，安全需要包含三个内容，即人身安全、财产安全、就业安全。

3. 社会需要

社会需要，即归属与爱的需要，是指人希望给予和接受他人的爱与感情，以及得到某些社会团体的重视和接纳的需要，如结识朋友、表达爱情、参加团体活动等需求。

4. 尊重需要

尊重需要是指人希望受人尊重和自尊的需要，包括自尊、自重、威信。这种需要分为两类：一是现实的环境中，希望自己有能力、有成就，能胜任工作；二是追求名誉或威望，希望得到他人的赏识、关心和高度评价。

5. 自我实现需要

自我实现需要是指人希望最大限度地发挥个人自我潜能并实现理想，对道德、创造力、自觉性、问题解决能力、公正度等事物的需要。自我实现需要是需要层次理论的最高层次。在这一层次上，个体的差异是最大的。有自我实现需要的人，会竭尽所能使自己趋于完美，会充分地、活跃地、忘我地、全神贯注地体验生活。

在需要层次理论中，生理需要和安全需要属于物质需要，社会需要、尊重需要和自我实现需要属于精神需要。从物质需要到精神需要呈现由低到高的特点。需求层次越低，越具有原始自发性，并具有较多的共性；需求层次越高，受后天教育、培养、引导等因素的影响越大，并呈现出明显的差异性。

> 美国克莱斯勒汽车公司总裁艾科卡曾在电视广告中宣布："如果你对我们的汽车不满意，可以退车。"这位总裁还就退车的具体做法做了说明："如果你在华盛顿地区买了一辆新的克莱斯勒轿车或卡车，若是不满意，可在30天内或行车1000英里内退车。假使是在丹佛地区，你可换一辆新车。"
>
> 美国通用汽车公司也向用户发出"安民告示"，在1989年年底之前购买的他们公司的汽车，如果不满意，也可在30天内或行车3000英里内换一辆新车。
>
> 此种不满意就可退钱或换货的做法，尽管实行不久，但为汽车业最大胆的行销攻势开创了前景，它使买车者感到无风险。此外，美国汽车业者还向顾客提供了几种新的服务，包括扩大机件供应的保证，提供车辆免费行驶的协助，甚至保证转售价格的承诺。
>
> 真正不满意而退车的客户并不多。例如，通用汽车公司在1988年的4—8月，在卖出的3000辆车中，只退了14辆，而且没有一辆是因为品质不佳而退的。
>
> 分析：美国汽车业实行退车还钱是为了满足顾客的安全心理。马斯洛需要层次理论告诉我们，人有5种需要：其中第二层就是安全需要。客户在一定的时间、一定的里程、一定的区域内可以退车、换车，这就消除了顾客的不安全感，使他们可以放心大胆地消费与使用。这个案例给我们的启示是：可以制定汽车行业的"三包"法律。这样做会使中国的汽车市场越做越大，使消费者没有后顾之忧，并由此会减少许多消费者对汽车厂家的怨言与不满。

二、汽车消费者需要的含义、特征、类型及内容

（一）汽车消费者需要的含义

消费者需要，是指消费者为了实现自己生存、享受和发展的要求所产生的获得各种消费

资料（包括服务）的欲望和意愿。汽车消费者需要，是指购买各类汽车（包括获得服务）的需求意向在消费者头脑中的反映。

（二）汽车消费者需要的特征（针对中国市场）

1. 买车更加注重实际

中国消费者买车更加注重实际，将车看作生活必需品，而不再将车视为身份的象征。麦肯锡调查显示，性价比是消费者首要考虑的因素，无论购买新车还是二手高档车，预算是仅次于品牌的第二个考虑因素，二手车的吸引力来自其高性价比。对于一、二线城市居民而言，购买新车不再是出行的唯一选择——购买二手车、短期或长期租赁汽车、通过打车应用软件搭乘车辆及使用汽车共享服务等出行方式更受青睐。

2. 线上购车看重信息和优惠

消费者越来越倾向于从数字媒体上获取汽车的相关信息。根据调查，汽车之家等专业汽车网站和论坛是如今最受欢迎的信息渠道，58%的受访者表示使用了这类渠道。也有很多的消费者从社交网络、其他互联网社区和汽车制造商网站获取相关信息。网上信息搜索让消费者认为买车应该花更少的钱，此种情况在高端市场更为突出。一般而言，受访买家希望享受到新车八五折、二手车八折的优惠。超过六成的消费者将这些期望寄托于网上信息资源，因为它们让消费者更容易获得折扣。

3. 消费者忠诚度降低，连接性需求增强

中国汽车消费者忠诚度一直较低，调查显示，仅有12%的汽车买家会再次购买同一品牌。中国汽车消费者对智能互联的需求很大，如果他们看中某种功能，甚至不惜更换汽车品牌。对中国消费者而言，连接性必不可少，他们也比美国或德国的车主更愿意付费购买内容。车载服务需求很大：79%的消费者有车载功能需求，且十分挑剔。如果需求没有得到满足，64%的消费者不惜更换品牌，这比美国（37%）和德国（19%）都要高。

4. 环保车、新能源车是今后汽车消费的主流

尽管销量占比小，电动汽车仍然对以价格和价值为中心的购车习惯形成了挑战。对比麦肯锡2011年和2016年的汽车消费者调查可以发现，5年来消费者对电动汽车的兴趣增长了3倍。政府补贴、税收优惠以及更低的使用成本给电动汽车带来了极大优势。在部分一线城市，电动汽车上牌比传统汽车容易得多，这也成为电动汽车的加分项。无论购买电动汽车出于何种原因，车主对电动汽车的确是喜爱有加。调查显示，电动车车主中2/3的人对自己的车感到满意或非常满意。大部分车主表示下次买车时会考虑继续选择电动汽车。

5. 消费者对汽车服务更加挑剔

汽车消费者对维修服务、性能升级以及其他售后产品与服务的购买方式有明显变化。比如，越来越多的客户通过数字渠道获取汽车服务方面的信息。未来汽车消费者会更频繁地通过线上渠道安排维修服务。性价比也变得更加重要。调查显示，70%的受访客户表示在考虑购车时，售后服务质量是非常重要的考虑因素。

（三）汽车消费者需要的类型和内容

1. 类型

就目前我国消费者的情况看，汽车消费者需要的类型主要包括以下四类。

（1）代步工具型　多数消费者买私家车是用来作为代步工具的，以解决远距离上下班的交通问题，以及接送孩子上学、放学的出行问题。此类消费者的购车需要是代步。

（2）享受生活型　除了以代步工具为购车目的的消费者之外，还有一部分消费者是为了享受生活、休闲度假而购车。近年来，自驾游已经成为许多消费者休闲度假的主要方式之一。此类消费者买车主要是为了满足享受生活的需要。

（3）显示地位型　有些消费者买车，主要不是代步，也不是享受生活，而是为了彰显地位。当今社会，汽车在某种程度上是一个人身份、地位以及实力的象征。因此，某些消费者虽然单纯考虑上下班出行等问题时并不需要买车，但由于自己的身份地位而不能没有车。此类消费者买车是为了满足第四层次的需要（尊重需要）。

（4）开展业务型　有些消费者由于工作业务需要所以购车，这类消费者多属于私营业主，他们为了开展业务，需要购车。对于这一类型的消费者而言，车不仅仅是为开展业务提供方便、快捷，在某种程度上还代表了公司的实力。因此，汽车使其业务开展得更方便、快捷，争取了更多宝贵的时间，赢得了信誉，赢得了合同，也赢得了经济效益。

2. 内容

汽车消费者需要的基本内容包括以下方面。

对商品基本功能的需要——对商品基本功能的需要是指商品的有用性，即商品能满足人们需要的物质属性。

对商品安全性能的需要——对商品安全性能的需要即商品的安全指标要达到规定标准，未隐含任何不安全因素，以避免危及生命安全的意外事故。

对商品便利性的需要——对商品便利性的需要包括时间便利、距离便利、操作便利、携带便利、维修便利等。

对商品知识性的需要——现代汽车消费者的知识文化水平大大提高，他们有能力通过对产品知识的了解，分析判断产品的优劣。在强调产品体验外，他们更重视与产品特征以及自身利益紧密相关的各种知识。

对产品审美性的需要——随着消费者平均年龄的日益降低，年轻人已经成为汽车消费的主力。他们追赶时尚与流行，青睐色彩与造型，对汽车的美感情有独钟。

对商品情感功能的需要——对商品情感功能的需要是指消费者要求商品能够体现个人的情绪状态，通过购买和使用商品能够获得情感的补偿、追求和寄托。

对商品社会象征性的需要——对商品社会象征性的需要是指消费者要求商品体现和象征一定的社会意义，使购买和使用该商品的消费者能够显示出自身的某些社会特性，如身份、地位、财富、尊严等，从而获得心理上的满足。

小买卖大道理

一位老太太每天去菜市场买菜、买水果。一天早晨，她提着篮子，来到菜市场。她遇到的第一个小贩是卖水果的，小贩问她："你要不要买一些水果？"老太太说："你有

项目三　汽车消费者的消费过程心理

什么水果？"小贩说："我这里有李子、桃子、苹果、香蕉，你要买哪种呢？"老太太说："我正要买李子。"小贩赶忙介绍说："我这个李子，又红又甜又大，特好吃。"老太太仔细一看，果然如此。但老太太却摇摇头，没有买，走了。

老太太继续在菜市场转，遇到第二个小贩。这个小贩也像第一个小贩一样，问老太太买什么水果，老太太说买李子。小贩接着问："我这里有很多李子，有大的，有小的，有酸的，有甜的，你要什么样的呢？"老太太说要买酸李子，小贩说："我这堆李子特别酸，你尝尝？"老太太一咬，果然很酸，满口的酸水。老太太受不了了，但越酸越高兴，马上买了一斤李子。但老太太没有回家，继续在菜市场转。

遇到第三个小贩，同样，问老太太买什么。（探寻基本需求。）老太太说买李子。小贩接着问："你买什么李子？"老太太说："要买酸李子。"但他很好奇，又接着问："别人都买又甜又大的李子，你为什么要买酸李子？"（通过纵深提问挖掘需求。）老太太说："我儿媳妇怀孕了，想吃酸的。"小贩马上说："老太太，你对儿媳妇真好！"老太太听了很高兴。小贩又问："那你知道不知道孕妇最需要什么样的营养？"（激发出客户需求。）老太太不懂科学，说不知道。小贩说："其实孕妇最需要的是维生素，因为她需要供给胎儿维生素。所以光吃酸的还不够，还要多补充维生素。"他接着问："那你知不知道什么水果含维生素最丰富？"（引导客户解决问题。）老太太还是说不知道。小贩说："水果之中，猕猴桃含维生素最丰富，所以你要经常给儿媳妇买猕猴桃才行！这样的话，确保你儿媳妇生出一个漂亮健康的宝宝。"老太太一听很高兴，马上买了一斤猕猴桃。当老太太要离开的时候，小贩说："我天天在这里摆摊，每天进的水果都是最新鲜的，下次来就到我这里来买，还能给你优惠。"从此以后，这个老太太每天在他这里买水果。

故事启发：

第一个小贩急于推销自己的产品，根本没有探寻顾客的需求，自认为自己的产品多而全，结果什么也没有卖出去。

第二个小贩有两个地方比第一个小贩聪明，一是他第一个问题问得比第一个小贩高明，是促成式提问；二是当他探寻出客户的基本需求后，并没有马上推荐商品，而是进一步纵深挖掘客户需求。当明确了客户的需求后，他推荐了对口的商品，很自然地取得了成功。

第三个小贩是一个销售专家。他的销售过程非常专业，他首先探寻出客户深层次的需求，然后再激发客户解决需求的欲望，最后推荐合适的商品满足客户需求。他的销售过程主要分了六步：第一步，探寻客户基本需求；第二步，通过纵深提问挖掘需求背后的原因；第三步，激发客户需求；第四步，引导客户解决问题；第五步，抛出解决方案；第六步，成交之后与客户建立客情关系。

任务二　汽车消费者的动机

一、动机的概述

(一) 概念

当人们产生某种需要，而又未能达到满足时，心理上便产生了一种不安和紧张，这种不安和紧张便成为一种内在的驱动力，促使个体采取某种行动。心理学把这种现象称为动机。若关联到汽车消费者，则可以把动机比喻为汽车的发动机和方向盘。这个比喻是说动机既能给人活动的动力，又可调整人活动的方向。

(二) 形成过程

需要是消费者行为的原始驱动力，如图3-2中，饥饿会产生需要，这既是原始驱动力，也是消费者行为的直接驱动力。当消费者看到"烤鸭"时，就产生了诱因，诱因是指能满足个体需要的外部刺激物，诱因使个体的需要指向具体的目标（欲望），从而引发个体的活动。因此，诱因是引起相应动机的外部条件。所以，我们可以将上述形成过程简单地阐述为需要—诱因—动机—行为。

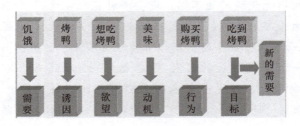

图3-2　需要的形成过程

读一读

> 诱因分为正诱因和负诱因。正诱因是指能使个体因趋近它而满足需要的刺激物。负诱因是指能使个体因回避它而满足需要的刺激物。例如，在很热的夏天，空调就是正诱因，那么外面火辣辣的太阳就是负诱因。所谓的正负是以最终行为取向来判定的。

(三) 动机的功能

1. 始发功能

动机会促使人产生某种活动。如大学生到学校来求学，是学习知识的动机激发起来的。

2. 导向功能

动机能将行为指向一定的对象或目标。如在学习动机的支配下，大学生会到图书馆去看书、到书店去买书。

3. 维持功能

动机的维持功能表现在行为的坚持性上。

4. 强化功能

动机良好的行为结果而使行为重复出现。

（四）动机与需要的区别

需要是指消费者为了实现自己生存、享受和发展的要求所产生的获得各种消费资料（包括服务）的欲望和意愿。因为缺乏和有要求，才会产生需要。需要是原始动力，是人积极性的基础和根源。动机是定向目标，是推动人们活动的直接原因。例如，企业不断扩大，需要车辆，只有了这种需要，企业才会有去买车的动机。

二、汽车消费者动机的含义、特征及购买动机的类型

（一）汽车消费者动机的含义

消费者动机是指消费者为了满足一定的消费需求而引起购买行为的愿望或意念，是指推动人们购买活动的内部动力，是内外诱因和主客观需要在人脑中的反映。消费者购买动机是在消费者需要的基础上产生并引发消费者购买行为的直接原因和动力。

（二）汽车消费者动机的特征

1. 主动性

动机的形成可能源于消费者本人的因素（消费需要、消费兴趣、消费习惯），也可能源于外部条件的诱发（广告的宣传）。消费者一旦有购车需要，必会自觉地搜集有关汽车产品的信息，会推掉其他事情而专门去汽车4S店选购。主动性即"我要买"，而不是"要我买"。

2. 内隐性

内隐性是消费者出于某种原因而不愿意让别人知道真正购买动机的心理特点。例如，一些年轻的消费者，让父母拿钱买车，借口为上班工作需要，实则是满足自己的虚荣心。

3. 动力性

在动机的支配下，消费者可能会随时购买商品，且做好了克服困难的准备。动力性有点像"兴奋剂"，会促使消费者去与汽车品牌的商家沟通、讨价还价、货比三家。

4. 组合性

消费者在购买汽车的过程中，选择车型和品牌时会出于实用的动机，进而希望价位合理、物有所值，即实用和求廉动机会对消费者的购买行为共同起作用。这就是说，消费者在购买商品时，可能出于一种动机，也可能出于多种动机，这种现象被称为消费动机的组合性。

（三）汽车消费者购买动机的类型

1. 感情购买动机

感情购买动机是指消费者在购买活动中因情感变化而引发的购买动机。由这种动机而引发的购买行为具有冲动性、即景性和不稳定性的特点。

感情购买动机的类型有以下几种。

（1）求名动机　求名动机是指消费者以追求名牌、高档商品来显示经济能力，提高自己身份、地位为主要特征的购买动机。这类汽车消费者追求的车型是以彰显自己的地位和财富为主要目标，奔驰S系、宝马7系、劳斯莱斯、宾利等豪华名车常受这类汽车消费者的青睐。

（2）求美动机　求美动机是指消费者以追求商品的欣赏价值和艺术价值为主要特征的购买动机。这类汽车消费者追求独特创意，注重所选取的车型的外部造型、色彩和艺术品位，其购买动机的核心是"科技与艺术的完美结合"。

（3）求新动机　求新动机是指消费者以注重商品的新颖、时尚为主导倾向的购买动机。这类汽车消费者对别出心裁、独具一格、标新立异的车型都很喜爱。

（4）攀比动机　攀比动机是指消费者以要和别人一样甚至"超越他人"来选择车型的购买动机。这类消费者多出于攀比心理，购车时不仅是自己需要，更是要买到比他人更好或更贵的产品，出于不甘落后的心理因素。

（5）从众动机　从众动机也叫模仿动机，是指消费者出于仰慕、羡慕他人，缺乏主见或为获得他人认同而模仿他人购买行为的购买动机。该动机通常是在相关群体和社会风气的影响下产生的，跟随他人购买特定品牌、特定款式的产品，而未顾及自身的特点和需要，因此也具有一定的盲目性和不成熟心理。

2. 理性购买动机

理性购买动机的类型有以下几种。

（1）求实动机　求实动机是消费者以追求商品或服务的使用价值为主导倾向的购买动机。这类消费者购车时注重"实惠"和"实用"原则，追求的是汽车的使用价值，讲究经济实惠、可靠耐用。

（2）求廉动机　求廉动机是指消费者以追求商品、服务的价格低廉为主导倾向的购买动机。"价廉"和"物美"是追求价格低廉者所注重的，他们非常愿意花心思掌握产品的价格变动，而对产品的质量、花色、款式、品牌和包装等就退而求其次。

（3）求便动机　求便动机是指消费者以追求商品购买和使用过程中的省时、便利为主导倾向的购买动机。以追求购买商品交易活动迅速完成为主要目的，也叫求速动机，注重购买过程的时间和效率。这类汽车消费者常会选择距离近、交通便利、花费时间较少的购车模式。

读一读 ➤➤

宾利在中国将车主从对宾利的价值关注导向私人订制的极致追求，宣称要为每个客户造一台"我的宾利"。中国的高净值（通俗指富裕阶层）客户群不但多，而且年轻，有着对性能的追求和对个性表达的强烈欲望。在英国，宾利公司倡导如果宾利没有，但客户需要，那么他们的团队将开启"私人订制"模式，100%满足宾利车主提出的要求。

宾利在中国以同样私人订制的心态帮助经销商通过IT手段收集客户需求，分析客户购车动机，其"我的宾利"的营销手段精准地抓住了豪车市场客户普遍的购车动机，从而在国内豪华车市场占据了一席之地。

项目三　汽车消费者的消费过程心理

任务三　汽车消费者的情绪和情感

消费者购买商品的心理过程，既是一个认知过程，又是一个情绪情感过程。消费者的购买行为不仅会受到其对商品认知的影响，还会受到自身情绪与情感的影响。

一、情绪和情感的概述

(一) 情绪和情感的概念

情绪和情感是人对客观事物是否符合自己的需要而产生的内心感受，是人脑对客观事物与人的需要的对应状态的反映。情绪和情感是以主体的需要为基础的，其伴随着认识过程的产生，并影响着认识活动的进行。

① 情绪和情感是人脑的机能，是对客观现实的反映。

② 情绪和情感不是反映活动，是人对反映内容的一种特殊的态度，是人的内心体验。

③ 情绪和情感的产生与人的需要的满足状态有直接联系，需要是情绪产生的基础。根据需要是否得到满足可以把情绪分为肯定情绪和否定情绪。

(二) 情绪和情感的关系

1. 情绪和情感的区别

① 情绪是人和动物共有的，是较低的、表层的心理现象；而情感则是人所特有的，是较高的、深层的心理现象。

② 情绪在人的婴儿阶段就存在了；情感则是个体生长到某个年龄阶段后才产生的。

③ 情绪是与人的自然需要相联系而产生的，如渴而得饮、饥而得食会有满足之情。情感则是与人的社会需要相联系，如社会交往、友谊、信仰、道德感、美感等。

④ 情绪不够稳定，往往是由特定情境引起的，情境出现，情绪产生，情境改变，情绪随之改变或消失；而情感则比较稳定，它与长期的社会实践活动内容有着密切联系，所以持续的时间相对比较长。

2. 情绪和情感的联系

① 稳定的情感产生于情绪，又以情绪的形式表达出来。

② 情绪的变化反映情感的深度，情绪的发生又蕴含着情感。

③ 情绪是情感的外在表现，情感是情绪的本质内容。它们相互依存，融为一体。

(三) 情绪和情感的特征

1. 情绪和情感的两极性

(1) 强度　情绪体验可以在强度上有不同等级的变化——由弱到强的不同等级的变化。情绪的强度越大，整个自我被情绪卷入的程度也越深。

(2) 紧张度　在紧张度方面，情绪的变化是很大的。紧张情绪常常发生在人进行活动时最关键的时刻。活动成败对人越重要，则关键时刻到来时人的情绪就越紧张。关键时刻过去后则可以体验到轻松或紧张的解除；之前的紧张水平越高，关键时刻过去后就越感觉到轻松。紧张能导致人的积极行为，这取决于紧张的程度。过度紧张会起到抑制作用而使动作失调。

(3) 快感度　快感度是指情绪体验在快乐或不快乐的程度上的差异。快感度与需要是否

37

得到满足有关。事物能满足人的需要，会引起快乐的体验；不能满足需要的事物或与需要相抵触的事物，会引起不快乐的体验。情绪的强度会影响其快感度。

（4）复杂度　各种情感的复杂程度是很不一样的。爱，包含柔情和快乐的成分；恨，包含愤怒、惧怕、厌恶等成分。有时候情感的成分非常复杂，我们甚至很难用语言来描述。现代心理学上，把快乐、悲哀、恐惧、愤怒看作是单纯的情绪，称为基本情绪或原始情绪。

2. 情绪和情感的扩散性

（1）内扩散　情绪在主体自身的扩散，表现为主体对某一对象产生的某种情绪体验，影响主体对其他对象也产生同样的情绪体验。

（2）外扩散　一个人的情绪影响到别人，使别人也产生相同的情绪状况，又称情绪的感染。一个人的情绪或心境，在与别人的交往过程中，通过语言、动作、表情影响到别人，引起情绪上的共鸣。

（四）情绪和情感的分类

1. 根据情绪和情感的性质划分

（1）快乐　在追求并达到所盼望的目的时所产生的情绪体验。

（2）愤怒　由于妨碍目的达成而造成紧张积累所产生的情绪体验。

（3）恐惧　企图摆脱危险情境时产生的情绪体验。

（4）悲哀　失去自己心爱的对象或自己所追求的愿望破灭时所产生的情绪体验。

（5）喜爱　指对象满足需要时所产生的情绪体验。

2. 根据情绪和情感发生的强度、速度、持续时间划分

（1）心境　比较微弱、平静而持续一定时间的情绪体验。它平静而微弱，持续而弥散。分为暂时心境和主导心境。

（2）热情　强有力的、稳定而深厚的情绪体验。

（3）激情　猛烈的、迅速爆发而短暂的情绪体验。

读一读

营销中的禁果效应

营销中的禁果效应也叫作"罗密欧与朱丽叶效应"，越是禁止的东西，人们越要得到。越希望掩盖某个信息不让别人知道，却越容易勾起别人的好奇心和探求欲，反而促使别人试图利用一切渠道来获取被掩盖的信息。这种由于单方面的禁止和掩饰而造成的逆反现象，即心理学上的"禁果效应"。这与人们的好奇心与逆反心理有关。谚语"禁果格外甜"，就是这个道理。

"禁果效应"作为一种营销手段，存在的心理学依据在于，无法知晓的"神秘"的事物，比能接触到的事物对人们有更大的诱惑力，也更能促进和强化人们渴望接近和了解的诉求。我们常说的"吊胃口""卖关子"，就是因为受传者对信息的完整传达有着一种期待心理，一旦关键信息的阙如在受传者心里形成了接受空白，这种空白就会对被遮蔽的信息产生强烈的召唤。这种"期待—召唤"结构就是"禁果效应"存在的心理基础。

二、影响汽车消费者情绪和情感的因素

汽车消费者具备其他消费者所共有的需求，他们的情绪、情感应当与汽车的性能、价格、买车服务及其自身的因素有直接关系。

1. 环境因素

其一，是4S店的环境因素，4S店的选址不能太偏远，也不能太中心。太远了，购车人不方便去；太中心的话，地价又太高。再一点，4S店地址最好在主干道附近。

其二，4S店的内部环境也十分重要。一是温度，过冷会让人情绪低落，过热又会令人烦躁，适宜的温度是20～22℃。二是音乐，轻松优美的音乐能让人流连忘返，并在潜移默化中影响人的心境。三是色彩，温暖的色调能够使人情绪兴奋，消费者的购买行为在兴奋的情绪支配下比较容易进行。四是空间，4S店的空间不能太小，否则会让人产生拥挤感。

2. 汽车因素

消费者最终还是要通过商品来满足需要，汽车消费者就是通过汽车来满足自己的需要。影响消费者情绪、情感变化的主要因素有汽车广告、汽车造型、汽车性能、汽车质量、汽车价格。其中汽车质量是打动消费者的最终因素。

3. 服务因素

关于服务因素，我们在各种媒体、自媒体网络中已经屡见不鲜。其实服务问题的本质是质量问题，如果4S店推来推去，不解决问题，不让消费者满意，那就得罪了一个人，"也就相当于得罪了250人"，因为他身后，还有同学、亲属、朋友、同事，等等。

4. 自身因素

汽车消费者个人兴趣、爱好不同，来4S店自然会有不同的情感体验。这种情感体验受到他们个人经历、教育程度、年龄、性别、性格、气质等因素制约。

任务四 汽车消费者的态度

麻雀变凤凰，岂能自己说了算？

夏利，对于中国人来说是再熟悉不过了，尤其是在北京，夏利曾经是出租车的代名词。2001年春节前，夏利2000作为新生代家用轿车的重要力量，以13.28万元的定价进入市场。此次品牌延伸夏利瞄准了更有潜力的私家车市场，但可惜的是夏利2000这个初生儿，月销售量一直不尽如人意，库存积压居高不下。夏利的品牌延伸不幸遇阻。

为什么会这样？理智地评判，当年夏利2000的性价比非常合适，但消费者就是拒绝接受。在中国，轿车绝不仅仅是一种代步工具，它更是一种身份的象征。提起夏利2000，任何人都会自然而然地把它和夏利出租车联系在一起，消费者纷纷表示："13万买辆夏利，太贵了吧。"

消费者会有这样的反应其实不足为奇，夏利汽车长期定位于出租车、低档车市场。而此次的夏利2000却瞄准较为中端的私家车市场，虽然其采用了丰田最新技术，除发动机为夏利原产外，其余主要配件多为进口，并且与老夏利在完全不同的两个生产线上进行生产，但因为"名称"的关系，消费者却"自觉"地把它认同为夏利出租车的新产品。

厂家单纯地认为，性价比对汽车至关重要，但却忽视了品牌名称的作用，从根本上说是品牌战略的缺失，要知道品牌名称除了代表某一事物的符号外，更能体现一个品牌的内涵，其中包含品牌价值、品牌联想、企业形象等。夏利2000的命名，完完全全保留了夏利出租车的全部信息，不自觉地让人联想到该车陈旧、呆板的品牌形象。厂家希望夏利这个品牌在私家车市场有所突破，但这岂是自己能决定的，再好的性价比、再先进的生产流程……只要消费者排斥，夏利2000也只能无功而返！

一、态度的概述

（一）态度的含义

态度是个体对特定对象的总的评价和稳定性的反应倾向。

态度是联系个体内、外世界的桥梁。人们几乎对所有事物都持有态度，这种态度不是与生俱来的，而是后天习得的。态度一旦形成，具有相对持久和稳定的特点，并会逐步成为个性的一部分，使个体在反应模式上表现出一定的规则和习惯性，如品牌态度来源于消费者长期记忆中的品牌纲要。

（二）态度的特点

1. 内在性

态度是内在的心理倾向，是尚未显现于外的内心历程或状态。

2. 对象性

态度总是指向一定的对象，具有针对性，没有无对象的态度。态度的对象包括人、物、事件、观念等。

3. 稳定性

态度一旦形成，就会持续一段时间，不会轻易地转变。

（三）态度与情绪、行为

态度和情绪有很大的区别，后者常常具有情境性，伴随某种情境的消失，情绪也会随之减弱或消失，而态度呈现的是持久、稳定和一致的特性，其要改变是具有较大困难的。

态度含有行为的倾向性。两者之间关系比较复杂，态度是行为的重要决定因素，但个体具体采取怎样的行动，还受情境、认知因素，甚至过去的经验与行为的影响。

二、消费者态度与汽车消费者态度

（一）消费者态度的概述

1. 消费者态度的含义

消费者的态度是指消费者对客体、属性和利益的情感反应，即消费者对某件商品、品牌，或公司经由学习而有一致的喜好或不喜欢的反应倾向。

2. 消费者态度的特点

（1）对象性　态度是有对象的，它一定有指向的事物。

（2）评价性　是指是否赞同该事物。

（3）价值性　态度一定取决于价值的大小。

（4）稳定性　态度一旦形成不会轻易改变。

（5）差异性　不同个体在不同心境下对同一事物会有不一样的态度。

3. 消费者态度的影响因素

一个消费者对不同的消费品会表现出各种不同的态度，对同一消费品的不同品牌也会有不同的态度。例如，收入水平早已超过吃泡饭水平，却依然喜欢吃泡饭，就是一种喜好态度。消费者对某一商品或品牌有好感，则在适当的时候就会购买；而对某一商品或品牌反感，则可能对此商品多看一眼都不愿意。态度在某些时候对消费行为有很大的影响，有时甚至起着决定性的作用。

消费心理学家丹尼尔·卡森认为：态度是由情感、认知、行为三种成分构成的。态度的表达主要从这三个方面进行，这三个方面同时也影响态度的形成。

（1）情感成分　是指消费者个体对一定对象的情感体验，包括对人或物的评价、爱好和情绪反应。一些消费者对外界客观事物评价的尺度以情感强度为中心，好感强烈时，对其的评价、态度就可能好，反之就可能差。例如，远离家乡的人看见来自家乡的商品就会倍感亲切，把思乡之情转移到家乡的产品上，非得买一点不可。一个消费者如果在一个商店内遭到了被怀疑为小偷的非礼待遇，他将永远不会对此商店有好感、有好的情绪。

（2）认知成分　是指消费者对一定对象含有评价意义的认识理解，如赞成或反对，它包括消费者对外界对象的所有思想、信念和知识。例如，婴儿"尿不湿"刚上市时，许多妈妈觉得太贵，且对其功能性持怀疑的态度，然而一经使用认知了之后，就觉得很好用，逢人便介绍，这就是认知导致态度的一个例子。再如，虚假的自动门广告一多，就会导致人们对自动门广告的厌恶，也许他们会说："自动门广告都是骗人的。"从而影响了其他好的、真正的自动门广告的效果。

（3）行为成分　是指消费者对一定消费品或劳务的反应倾向，包括表达的言语和行为。态度的行为表现既见诸于实际的购买行为，也表现为消费者的语言评价。消费者喜爱上了激光唱盘，就会对人表达他的态度，一有条件就会买一张听听，享受一下。同样，消费者一旦厌恶了某些商品，不仅不会去购买，还会在其生活周围向熟人、朋友、亲戚表达他的这种感觉，这是一种恶性宣传，企业应该加以注意。

消费者对各种消费品的态度并不是生来就有的，而是通过学习，即感知、认识、使用消费品，加上本人的文化素养、知识水平、生活经验的变化所形成的。一旦形成之后，就会具有相对的稳定性,要改变就比较难,但也不是说不能改变。消费者态度的改变包括两种:一是性质的改变,称为不一致的改变;二是程度的改变,称为一致的改变。

(二)汽车消费者态度概述

汽车消费者的态度是消费者确定购买决策、执行购买行为的心理倾向的具体体现。消费者态度的形成和变化直接影响其购车的决策与行为。

1. 汽车消费者态度的构成

(1)认知成分　是指个体对态度对象的所有认知,即关于对象的事实、知识、信念、评价等,是构成消费者态度的基石。消费者对汽车商品质量、商标、服务、信誉、理解、观点、意见等方面的评价,持有公正、准确的认知是端正汽车消费者态度的重要因素。

(2)情感成分　是指个体在评价的基础上,对态度对象产生的情感体验或情感反应。情感是构成消费者态度的动力,是在认知的基础上对汽车购买过程中各种客观事物的主观情感体验,有好的情感体验,消费者购车态度就积极、向上,反之则消极、抗拒。具体表现为汽车消费者对汽车商品与服务的质量、信誉、服务等客观事物表现的喜欢或不喜欢、欣赏或不欣赏等各种情绪反应。

(3)行为倾向成分　是指个体对于态度对象的预备反应或以某种方式行动的倾向性。行为倾向是构成消费者态度的准备状态,表现为消费者对选购车型、销售服务采取的反应倾向,包括语言和非语言的行动表现。

2. 态度在汽车消费者购买行为中的作用

消费者对产品、服务或企业形成某种态度,并将其贮存在记忆中,需要的时候,就会将其从记忆中提取出来,以应付或帮助解决当前所面临的购买问题。通过这种方式,态度有助于消费者更加有效地适应动态的购买环境,使之不必对每一新事物或新的产品、新的营销手段都以新的方式做出解释和反应。

(1)适应功能　亦称导向功能。它是指态度能使人更好地适应环境和趋利避害。消费者的态度可以使消费者的购车行为与需求相互呼应、相互衔接。消费者能够对提供良好产品、服务的品牌形成积极的态度,购车过程中就偏向该品牌,对该品牌的营销就不排斥且愿意迎合。

(2)自我防御功能　是指形成关于某些事物的态度,能够帮助个体回避或忘却那些严峻环境或难以正视的现实,从而保护个体的现有人格和保持心理健康。消费者态度可以使消费者在购买活动中,坚持固有态度和保持自己的个性。例如,当消费者购车考虑实用性时,其固有的态度就会让消费者在商家的加价装置天窗等营销手段前保有自己的选择。

(3)认知功能　又称识别功能,指形成某种态度更有利于对事物的认识和理解。态度可以作为帮助人们理解世界的一种标准或参照物,有助于人们赋予变幻不定的外部世界以某些意义。消费者的态度可以帮助消费者收集有关汽车购买的各种信息,以便正确选购适合自己的汽车。

(4)价值表达功能　指形成某种态度,能够向别人表达自己的核心价值观念。消费者态度可以反映消费者的性格、价值观、文化修养、生活背景和兴趣爱好,反映消费者的决策和购买能力。

3. 汽车消费者态度与行为

一般而言,消费者态度对购买行为的影响,主要通过以下三个方面体现出来:首先,消费者态度将影响其对产品、商标的判断与评价；其次，态度影响消费者的学习兴趣与学习效果；最后，态度通过影响消费者的购买意向，进而影响购买行为。

消费者态度一般要通过购买意向这一中间变量来影响消费者购买行为，态度与行为之间在很多情况下并不一致。造成不一致的原因有以下五种。

（1）购买动机　即使消费者对某一企业或某一产品持有积极态度和好感，但如果缺乏购买动机，消费者也不一定会采取购买行动。比如，一些消费者可能对奔驰汽车怀有好感，但这些消费者可能并没有意识到需要拥有一辆奔驰，由此造成态度与行为之间的不一致。

（2）购买能力　消费者可能对某种产品特别推崇，但由于经济能力的限制，只能选择价格低一些的同类其他品牌的产品。很多消费者对"奥迪"汽车评价很高，"突破科技、启迪未来"就体现了该产品卓越不凡的品质，而消费者在做购买决策时，不会非奥迪不可，原因在于购买奥迪要为其支付更高的价格。

（3）情境因素　如节假日、时间的缺乏、生病等，都可能导致购买态度与购买行为的不一致。当时间比较宽裕时，消费者可以按照自己的偏好和态度选择某种品牌的产品；但当时间非常紧张，比如要赶飞机，要很快离开某个城市时，消费者实际选择的产品与他对该产品的态度就不一定有太多的内在联系。

（4）时滞问题　一般来说，态度的测量和所要预测的行为之间间隔越长，两者之间的关联性越弱。因为时滞越长，消费者的态度和偏好越容易发生变化，或者出现其他意外情况的可能性越多。而且，只有当态度对象在消费者眼前出现，或者以其他方式激活了记忆中的态度时，态度才会发生作用。

（5）社会压力　他人的态度和反应也会影响消费者的行为，且在不同的社会文化背景下，消费者面临的社会压力是不一样的。

巩固与实训

◆ **知识巩固**

1. 什么是汽车消费者的需要？试解释马斯洛需要层次理论。
2. 什么是汽车消费者的动机？试解释动机与需要之间的联系。
3. 什么是汽车消费者的情绪和情感？试举例情绪、情感对汽车消费者的影响。
4. 什么是汽车消费者的态度？试解释影响消费者态度的相关因素。

◆ **拓展实训**

一、实训目标

1. 能正确判断并分析消费过程心理（需要，动机，情绪、情感，态度）对汽车消费者心理的影响。
2. 善于观察及分析汽车消费者的心理，能更好地营销。

二、实训内容

1. 利用网络检索，将新能源汽车作为调研对象。
2. 各小组综合网上营销案例调研，结合新能源汽车的国内背景，分析消费过程心理对汽车消费者的影响，并进行思考总结。

购买活动中的消费者情绪

消费者在购买商品的过程中，其购买行为常常受到多方面的影响，继而产生多种情绪。观察消费者在购买行为过程中的情绪变化，认识在种种因素的制约下产生的情绪反应和现象，对于销售的成功有着至关重要的作用。

一、消费者情绪的一般表现形式

消费者情绪的一般表现形式有以下几种。

1. 激情

激情是一种猛烈的、迅速爆发而持续短暂的情绪表现，如狂喜、暴怒、恐怖、绝望等。激情的特点是具有瞬时性、冲动性和不稳定性等，发作时常伴有生理状态变化，理解能力和自制能力也会显著下降，又会使其心理活动和行为表现产生失常的现象。例如，节假日期间各大商场的折价销售活动，消费者的购物热情高涨，尤其是进行购物返赠券，或购物可参加抽奖活动时，消费者有时会因为心情激动而购买一些并非必需的产品。

2. 热情

热情是一种强有力的、深沉而稳定的情绪表现。如向往、热爱、嫉妒等。热情的特点是持续、稳定，一般能够控制人的思想和行为，推动人们为实现目标而长期不懈地坚持努力。

3. 心境

心境是一种平静持久的情绪表现。情绪具有弥散性、持续性和感染性，并在一定时期内会影响人们的全部生活，使其语言和行为都感染某种色彩。

在消费活动过程中，良好的心境会提高消费者对产品、服务、使用环境的满意度，从而能较快地产生购买欲望，及时付诸购买行动。反之，消费者的心境较差，常常表现为对人、物感到厌烦，此时的消费者一般都拒绝购买产品，有的消费者也会买一些"消愁"的产品。

4. 挫折

挫折是一种遇到障碍而又无法排除的情绪表现。如怨恨、懊恼、意志消沉等。挫折具有破坏性、感染性。消费者性格一般都比较内向，在挫折的情绪状态下，对产品宣传、促销等往往会抱着抵触的态度，甚至会迁怒于营销人员，采取破坏行为。此时，营销人员应让消费者自己选购产品，并给予适当的帮助。

二、情绪表现的类型

对情绪表现的方向和强度而言，消费者在购买过程中所形成的情绪，还可以分成积极情绪、消极情绪和双重情绪三种类型。

1. 积极情绪

积极情绪如喜欢、欣慰、满足、快乐等。积极情绪能够增强消费者的购买欲，促成购买行动。这类消费者一般属于外向型，对任何事物比较容易产生热情、兴趣，在消费过程中一旦对某种产品有兴趣，就很快产生欲望，随之付诸购买行为。

2. 消极情绪

消极情绪如厌烦、不满、恐惧等。消极情绪会抑制消费者的购买欲望，阻碍购买行为的实现。这类消费者大多属于内向型，对待人、事都缺乏激情，甚至厌烦，在消费过程中对广告宣传、营销人员的介绍都产生抵触心理，因此要求营销人员让消费者自己采取购买决策，必要时给予适当的帮助。

3. 双重情绪

在许多情况下，消费者的情绪并不简单地表现为积极或消极两种，如满意—不满意、信任—不信任、喜欢—不喜欢，而经常表现为既喜欢又怀疑、基本满意又不完全称心等双重性。例如，消费者对所购买的产品非常喜爱，但由于价格过高而又感到有些遗憾。又如，由于售货员十分热情，消费者因盛情难却而买下不十分满意的产品。双重情绪的产生，是由于消费者的情绪体验主要来自产品和售货员两个方面。当两者引起的情绪反应不一致时，就会出现两种相反情绪并存的现象。

项目四 汽车消费者的个性心理

 学习目标

了解消费者的个性含义与特点,以此把握个性理论及消费者行为;了解气质的概念与特征,熟悉气质类型与消费者行为;了解性格的含义与特征,熟悉消费者的性格类型;了解能力的含义与特征,熟悉消费者的能力类型。

能力目标

能正确分析个性、气质、性格、能力等因素对汽车消费者行为的影响;培养学生对个性、气质、性格、能力的认知了解。

 案例引导

追求个性的时代消费者买车也好"色"

在追求个性的时代,颜色往往能代表人的性格、表达人的情绪。一位年轻朋友最近想买车,问她有什么需求。她张口就说:"我要颜色和外形都漂亮的车。"这种购车需求虽然显得不够专业,但颜色确实是越来越多消费者关注的因素。

有调查显示:17%的汽车消费者认为颜色是他们第二位要考虑的因素;46%的汽车消费者认为颜色是他们在考虑性价比和质量之后的第三位要考虑的因素。业内人士判断,随着汽车从一种高端、身份的象征逐渐转变成大众、时尚的消费品,汽车颜色的重要性会越来越突出。

其实,消费者对汽车颜色的关注从中国汽车市场相当"辉煌"的2003年就已经开始显现。当年,汽车加价风潮盛行,红色马自达6、红色奥迪A4、黄色的POLO都是加价车型中的"名角儿"。除了都是当年较新的车型外,加价幅度也随颜色的走俏程度从几千元到上万元不等。

近些年来,不少亮丽、大胆、前卫的汽车颜色接连出现。尤其是经济型车,颜色种类越

项目四 汽车消费者的个性心理

来越多,派力奥的法拉利红、标致206的爱琴海蓝、奇瑞QQ的苹果绿等,新鲜的颜色吸引着消费者的眼球,同时也使消费者的选择余地增大。

当然,消费者最终选择什么颜色的车会受到很多因素的影响。调查显示,对汽车颜色的喜好,会受到消费者年龄、性别、职业、环境以及购买车型的价位、购车用途等因素的影响。总体来看,选择色彩艳丽车型的消费者以女性和年轻人居多。另外,购买经济型家用轿车的消费者会根据自己的喜好选择鲜艳的颜色,如蓝色、红色、黄色、金色是他们比较偏爱的汽车颜色。选择购买中高级车的消费者相对来说比较保守,将近74%的中高级车消费者的首选颜色仍是传统的黑色、白色和银灰色。

随着消费者对汽车颜色的重视,企业也开始意识到色彩营销的市场潜力。印第安红、糖果白、柠檬黄、宝石蓝这些都是厂家为各种亮丽的汽车颜色精心准备的名字。除了轮番推出各种鲜艳的颜色外,不少企业还将不同颜色的车型定义了不同的气质和风格,消费者可以根据自己的性格对号入座,选择一款颜色和自己个性搭配的车。实际上这种色彩营销也为树立品牌形象、建立品牌文化提供了一个独特的平台,汽车的整体色彩将更加和谐,更具人文关怀和传统文化底蕴。

人的心理现象主要包括心理活动过程和个性心理两个方面。心理活动过程中的认识、情感和意志体现的是人的心理活动的一般规律;个性心理则反映了人作为个体的差异。研究消费者的心理现象,不仅要研究消费者心理活动的过程,还要研究特殊的个性心理结构,把握消费者个性心理特征和个性倾向性,才能正确认识消费者的购买行为。

任务一　汽车消费者的个性

一、个性的概述

(一) 个性的含义

"个性"一词最初来源于拉丁语"Personal",开始是指演员所戴的面具,后来指演员——具有特殊性格的人。

心理学中对个性的解释是:一个区别于他人的,在不同环境中显现出来的相对稳定的、影响人的外显性和内隐性行为模式的心理特征总和。

目前我国将个性定义为:是个体独有的并与其他个体区别开来的整体特性,即具有一定倾向性的、稳定的、本质的心理特征的总和,是一个人共性中所凸显出的一部分。

(二) 个性的组成

人的个性由价值观、态度和性格、气质、能力等心理特征所组成。其中性格、气质、能力是个性的重要组成部分,这三个方面密不可分且相互制约。性格更多地受社会生活条件制约;气质更多地体现神经系统基本特征的自然属性;从能力与性格的关系来看,能力的发展可以促使某些性格特点的形成,而性格特点又可以补偿能力的某些弱点。

（三）个性的结构

从构成方式上讲，个性其实是一个系统，其由三个子系统组成。

1. 个性倾向性

个性倾向性是推动人进行活动的动力系统，较少受生理、遗传等先天因素的影响，主要是在后天的培养和社会化过程中形成的，是个性结构中最活跃的因素，决定着人对周围世界认识和态度的选择和趋向，决定人追求什么。包括需要、动机、兴趣、爱好、态度、理想、信仰和价值观。个性倾向体现了人对社会环境的态度和行为的积极特征，对消费者心理的影响主要表现在心理活动的选择性，对消费对象的不同态度体验以及消费行为模式上。

2. 个性心理特征

个性心理特征是指人的多种心理特点的一种独特的结合，个体经常、稳定地表现出来的心理特点。它比较集中地反映了人的心理面貌的独特性、个别性。个性心理特征主要包括能力、气质、性格。其中，能力标志着人在完成某种活动时的潜在可能性上的特征；气质标志着人在进行心理活动时，在强度、速度、稳定性、灵活性等动态性质方面的独特结合的个体差异性；而性格则更是鲜明地显示着人在对现实的态度和与之相适应的行为方式上的个人特征。个性心理特征是个性系统的特征结构。

3. 自我意识

自我意识指自己所有属于自己身心状况的意识，包括自我认识、自我体验、自我监控等方面，如自尊心、自信心等。自我意识是个性系统的自动调节结构。

（四）个性的特点

1. 整体性

个性是一个完整的结构，它反映的是人的整个心理面貌，人的个性倾向性和个性心理特征相互联系、相互影响，共同构成一个统一的整体结构。

2. 稳定性

个性表现为一个人对外界事物所采取的一定态度和行为方式，人的个性特征一旦形成就比较稳定，所谓"江山易改，本性难移"就很好地说明了这个特点。

3. 独特性

由于个体不可能完全相同，个体的差异性使得每个人的个性心理特征和个性倾向性都表现出各自的独特性。

二、汽车消费者的个性表现及购买行为

（一）汽车消费者个性的表现

在销售过程中，消费者个性的差异是形成各种独特的购买行为的主要原因。营销人员可以根据消费者的动作姿态、眼神、面部表情和言谈举止等判断其个性特点，汽车消费者个性类型在购买中的典型表现主要有以下几种。

1. 外向型消费者

在购买过程中，热情活泼，喜欢与营业人员沟通交流并交换意见，主动询问有关汽车产品的特点、优势、竞品等方面，对营销广告敏感，言语、动作、表情外露，这类消费者购车

最大的特点是有决断,买还是不买会很爽快地做决定。

2. 内向型消费者

这类消费者在购车活动中沉默寡言,进入展厅先四处走走,面部表情变化不大,内心活动并不露在脸上,不善于与营业员交谈,常凭自己的经验购买。

3. 理智型消费者

这类消费者在购车中会认真思考、征询意见、对比竞品,权衡车型的优缺点,在未熟知汽车商品各方面的认识之前,不轻易购买。因而,购车时间相对较长,会有异议。

4. 情绪型消费者

这类消费者情绪反应比较强烈,对购车环境、广告、促销、销售人员的服务态度和方式比较看重。买与不买的决定常会受到现场情绪支配,稍有不满意会在短时间内改变购买决定。

5. 意志型消费者

这类消费者目标明确,行为积极主动,购车遵照自己的消费习惯,外界因素如环境、促销、广告等对其影响不大,即使遇到困难也会坚定购买决策,购买行为果断迅速。

6. 独立型消费者

在购车活动中,这类消费者能独立地选购汽车,购买经验丰富,不易受营销广告和销售人员的产品介绍影响。遇到了认准的车型时,会迅速购买。

7. 顺从型消费者

在购买活动中,常常注意其他消费者对汽车的购买态度和购买方式,会主动听取销售人员的商品分析和他人的购买意见,从众心理比较明显,人买亦买,人不买亦不买,自己缺少主见。

(二)个性与汽车消费者的购买行为

消费者行为千差万别的原因是个体本身存在差异。个性是衡量个体差异的一个重要变量,它是个体以环境和刺激物的一致性所做出的反应倾向。营销人员要研究个性,因为个性对消费者的信息搜寻行为、产品种类的选择、产品使用率、新产品采用、品牌忠诚、信息偏好等都具有显著的影响。

1. 个性与品牌选择

品牌个性是品牌形象的一部分,是指产品或品牌特性的传播以及在此基础上消费者对这些特性的感知。研究表明,品牌个性和消费者个性保持一致时,这个品牌会受目标消费群体的青睐。消费者倾向于购买那些与自己具有相似个性的产品。如"开宝马、坐奔驰"言语中描述了宝马车的个性是驾驶操控性优越,很多热爱运动、生活积极、乐于接受新事物的年轻人认为宝马车就是代表了张扬、进取、冒险的个性。

2. 个性与服务选择

消费者的个性影响他们愿意接受哪一类型的销售人员为他们服务。"依赖型"汽车消费者更愿意销售人员积极、热情、专业,对他们提出的异议给予及时解答,"呵护""倾听""关注"是营销人员对待这类消费者的方法;"独立型"汽车消费者更愿意销售人员给足空间,营销人员不需要过于主动只要看他们的眼色行事就好,即"有求才应",常常这类消费者在购车时已有自己的目标车型,到展厅来仅仅是确认或解决异议。

3. 个性与信息搜集行为

求知欲强(爱思考)的消费者,更注重信息的有效性,他们会上网查数据,会到展厅听

汽车消费心理学

建议，然后思考、比较，最后决定购车；求知欲弱的消费者，会受营销广告、促销策略的刺激，从而影响购车决定。

4. 个性与创新

不同个性的消费者会在新产品、新服务、新的消费活动的接受程度上表现出差异。

任务二　汽车消费者的气质

一、气质的概述

（一）气质的定义

气质通常也称"脾气""秉性"。它是表现心理活动强度、速度、稳定性、灵活性和指向性等方面动力性质的心理特征。

心理活动的动力特征既表现在人的感知、记忆、思维等认识活动中，也表现在人的情绪和意志活动中，特别是情绪活动中表现得更为明显。比如，情绪体验的强弱与快慢（有人遇见不顺心的事就特别痛苦，有人就无所谓；有的人"点火就着"，有的人"火上房都不着急"）、思维的敏捷性（有的人思维敏捷，有的人就比较迟钝）、知觉的敏锐度（有的人能够发现微小的瑕疵，而有的人却比较粗心）、注意集中时间的长短、注意转移的难易（有的人能够长时间集中注意力，而有的人做事却通常是"三天打鱼，两天晒网"）以及心理活动倾向于外部世界还是内心世界（有的人外向，有的人内向）等，这些都属于气质的表现，气质给每个人蒙上独特的色彩。气质是先天形成的，是由人的生理因素决定的，气质没有好坏之分。

 读一读

有一对孪生兄弟，一个出奇地乐观，另一个却非常悲观。父亲为了让悲观的孩子快乐起来，让好动的孩子安静下来，做出了这样一个决定。他把乐观的孩子锁进了一间堆满马粪的屋子里，把悲观的孩子锁进了一间放满漂亮玩具的屋子里。

一个小时后，父亲走进悲观孩子的屋子里，发现他坐在一个角落里，一把鼻涕一把泪地在哭泣。父亲看到悲观的孩子泣不成声，便问："你怎么不玩那些玩具呢？"孩子哭泣着说："玩了就会坏的。"

当父亲走进乐观孩子的屋子时，发现孩子正兴奋地用一把小铲子挖着马粪，把散乱的马粪铲得干干净净。看到父亲，孩子高兴地叫道："爸爸，这里有这么多马粪，附近肯定有一匹漂亮的小马，我要给它清理出一块干净的地方来！"

分析：气质是一种比较稳定的心理特征，不易受后天环境的影响。

（二）气质的特性

1. 感受性和耐受性

感受性高者，很弱的刺激他就能感觉得到，因而他对较强的刺激的耐受性就比较低；感受性低者，较强的刺激他才能感觉得到，因而他对更强的刺激的耐受性就比较高。神经过程强度低的人感受性高而耐受性低，他的神经细胞经受不了较强的刺激，也经受不了长时间的工作，容易疲劳，疲劳了也不容易恢复。神经过程强度高的人，他的感受性低而耐受性高；能经受较强的刺激，也能坚持长时间的工作而不致疲劳。

2. 反应的敏捷性

反应的敏捷性是指神经过程的灵活性，即兴奋和抑制两种神经过程转化速度的外在表现，它表现在反应的快慢，动作、言语、思维、记忆、注意转移的速度等方面。

3. 可塑性

可塑性是指根据环境的变化改变自己的行为，以适应外界环境的可塑程度，它也是神经过程灵活性的表现。多血质和黏液质的人，在不同的环境中改变自己的行为以适应环境的能力比较强；胆汁质和抑郁质中比较极端的人，改变自己的行为以适应环境的能力比较差。

4. 情绪的兴奋性

情绪的兴奋性指情绪表现的强弱程度。有的人情绪兴奋性高而抑制能力低；有的人情绪兴奋性低但对情绪的控制能力较强。情绪的兴奋性是神经过程平衡性的表现。

5. 指向性

指向性指的是人的言语、思维和情感常指向于外还是常指向于内。常指向于外者为外向，常指向于内者为内向。指向性和情绪的兴奋性有密切的联系，情绪兴奋性高者外向，情绪兴奋性低者内向。同时，指向性也表明兴奋和抑制哪种过程占优势，兴奋占优势者外向，抑制占优势者内向。

（三）气质类型学说

1. 体液学说

希波克拉底提出，人体内有四种液体，即黄胆汁、血液、黏液和黑胆汁，每一种液体都和一种体质类型相对应。黄胆汁对应于胆汁质，血液对应于多血质，黏液对应于黏液质，黑胆汁对应于抑郁质。一个人身上哪种液体占的比例比较大，他就具有和这种液体相对应的那种体质类型。

用体液学说来解释气质，虽然缺乏科学根据，但希波克拉底所划分的这四种体质类型比较切合实际，所以关于气质的这种分类一直沿用至今。

2. 体型学说

体型学说由德国精神病学家克雷奇默提出。他根据对精神病患者的临床观察，认为人的气质与体型有关。

根据体型的特点，他把人分成三种类型，即肥胖型、瘦长型和筋骨型。肥胖型的人为躁狂气质，其行动表现为善于交际、活泼、热情、平易近人等；瘦长型的人为分裂气质，其行动表现为不善交际、孤僻、神经质、多思虑等；筋骨型的人为黏着气质，其行动表现为迷恋、认真、行为较冲动等。体型学说虽然揭示了体型与气质的某些一致性，但并未说明体型

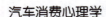

与气质之间的关系，如体型对气质是直接影响还是间接影响，二者之间是连带关系还是因果关系。

3. 血型学说

血型学说在日本比较有影响，这种学说是古川竹二提出来的。古川竹二认为，A 型血的人温和老实、消极保守、焦虑多疑、冷静、缺乏果断、富于情感；B 型血的人积极进取、灵活好动、善于交际、爱说寡信、多管闲事；O 型血的人胆大好胜、自信、意志坚强、爱支配人；AB 型血的人外表像 B，内在却像 A。

其实，人的血型不止这几种，而且在实际生活中血型相同而气质类型不同，或者气质类型相同而血型不同的现象并不少见，所以，血型学说尚缺乏足够的科学根据。

4. 激素学说

美国心理学家伯曼把人分为四种内分泌腺的类型，即甲状腺型、垂体腺型、肾上腺型和性腺型，并认为内分泌腺类型不同的人，其气质也不相同。例如，甲状腺型的人中，甲状腺分泌过多者精神饱满、意志坚强、感知灵敏；甲状腺分泌不足者迟缓、冷淡、痴呆、被动。垂体腺型的人智慧、聪颖。肾上腺型的人情绪容易激动。性腺型的人性别角色突出。

虽然内分泌腺的活动影响了人的行为和心理，但是内分泌腺的活动也受神经系统的支配。影响气质类型形成的因素很多，因此不能把气质只看作是由内分泌腺决定的。

5. 高级神经活动类型学说

高级神经活动类型学说是俄国心理学家巴甫洛夫的观点。他用人体反应活动类型的特性，即强度、灵活性和平衡性作为区分气质的指标，由此区分出四种气质类型，即兴奋型、活泼型、安静型和抑制型。兴奋型的人表现为激动、暴躁等；活泼型的人表现为灵活性好、感染力强等；安静型的人表现为情绪稳定、冷静等；抑制型的人表现为易激动、易消沉等。由于巴甫洛夫的结论是在解剖实验的基础上得出的，并得到了后人的研究证实，因而具有较强的科学依据。

二、汽车消费者的气质表现及购买行为

（一）气质类型

根据气质的特性以及高级神经活动类型学说与传统的体液学说的呼应关系，人们把体液学说作为气质类型的基本形式。

1. 胆汁质

胆汁质人的神经过程的特点是强但不平衡。胆汁质人的感受性低而耐受性高，能忍受强的刺激，能坚持长时间的工作而不知疲劳，显得精力旺盛，行为外向，直爽热情，情绪的兴奋性高，但心境变化剧烈，脾气暴躁，难以自我克制。典型代表人物有张飞。

2. 多血质

多血质人的神经过程的特点是强、平衡且灵活。多血质人的感受性低而耐受性高；活泼好动，言语、行动敏捷，反应速度、注意转移的速度都比较快；行为外向，容易适应外界环境的变化，善交际，不怯生，容易接受新事物；注意力容易分散，兴趣多变，情绪不稳定。典型代表人物有王熙凤。

项目四 汽车消费者的个性心理

3. 黏液质

黏液质人的神经过程的特点是强、平衡但不灵活。黏液质人的感受性低而耐受性高，反应速度慢，情绪的兴奋性低但很平稳；举止平和，行为内向；头脑清醒，做事有条不紊，踏踏实实，容易循规蹈矩；注意力容易集中，稳定性强；不善言谈，交际适度。典型代表人物有薛宝钗、林冲。

4. 抑郁质

抑郁质人的神经过程的特点是弱，而且兴奋过程更弱。抑郁质人的感受性高而耐受性低；多疑多虑，内心体验极为深刻，行为极端内向；敏感、机智，别人没有注意到的事情，他能注意得到；胆小，孤僻，情绪的兴奋性弱，难以为什么事情动情，被什么事情打动，寡欢、爱独处、不爱交往；做事认真、仔细，动作迟缓，防御反应明显。典型代表人物有林黛玉。

上述四种气质类型是典型的类型，而大多数人是中间型或混合型的，因此不要对任何人都对号入座，应该从实际出发，认真分析、区别对待。

（二）气质类型与表现

希波克拉底的气质类型正好可以与巴甫洛夫的气质类型相对应：多血质对应活泼型；黏液质对应安静型；胆汁质对应兴奋型；抑郁质对应抑制型。下面我们看看每种气质类型的消费者在购买行为上有哪些表现，见表4-1所示。

表4-1 每种气质类型的消费者购买行为表现

消费行为类型	气质类型	购买行为表现	服务注意事项
主动冲动果断粗放	胆汁质（兴奋型）	易冲动，忍耐性差，对销售人员的要求高，容易产生冲突	要态度和善，语言友好，千万不要刺激对方
	多血质（活泼型）	活泼热情，"见面熟"，话多，改变主意快，易受环境和他人影响	应主动接近，介绍（提示），交谈
被动理智犹豫敏感	黏液质（安静型）	内向，购买态度认真，不易受暗示及他人影响，喜欢独立挑选，动作缓慢	要有耐心，过分热情令其反感
	抑郁质（抑制型）	多疑，动作迟缓，反复挑选	要有耐心，多做介绍，要允许反复

需要指出的是，由于气质并不决定消费者活动的内容，因此，气质类型无所谓好坏。一般来说，因为每种气质都有积极的方面，也都有消极的方面，所以，它对人心理活动的进行和个性品质的形成，都有积极和消极的作用。

（三）汽车消费者气质在购买行为中的表现

1. 主动型和被动型

多血质和胆汁质的消费者通常主动与销售人员进行接触，积极提出问题并寻求咨询，有时还会主动征询其他在场顾客的意见，表现十分活跃；而黏液质和抑郁质的消费者则比较消极、被动，通常要由销售人员主动进行询问，而不会首先提出问题，因而不太容易沟通。

2. 理智型和冲动型

黏液质的消费者比较冷静、慎重，能够对汽车产品的内在质量加以细致的选择、比较，通过理智分析做出购买决定；同时善于控制自己的感情，不易受广告宣传、促销手段及他人意见的影响。而胆汁质的消费者容易冲动，经常凭借个人兴趣、偏好以及汽车产品外观的好感购车，而不过多考虑汽车产品的性能与实用性，他们喜欢追求新产品，容易受广告宣传及购买环境的影响。

3. 果断型和犹豫型

多血质和胆汁质的消费者心直口快，言谈举止比较匆忙，一旦见到自己满意的车型，往往会果断地做出购买决定，并迅速实施购买，而不愿花费太多的时间去比较、选择；抑郁质和黏液质的消费者在挑选车型时则显得优柔寡断，十分谨慎，动作比较缓慢，挑选的时间也较长，在决定购买后易发生反复。

4. 敏感型和粗放型

黏液质和抑郁质的消费者在消费体验方面比较深刻，他们对购买和使用汽车的心理感受十分敏感，并直接影响到心境及情绪，在遇到不满意的车型或遭受到不良服务时，经常做出强烈的反应；相对而言，胆汁质和多血质的消费者在消费体验方面不太敏感，他们不过分注重和强调自己的心理感受，对于购买和使用汽车的满意程度不十分苛求，表现出一定程度的容忍和疏忽。

课堂思考

前苏联的心理学家以一个人去电影院看电影迟到为例，对人的几种典型的气质做了说明。假如电影已经放映了，门卫又不让迟到的人过去，不同气质类型的人会有不同的表现。

1. 第一种人匆匆赶来之后，对门卫十分热情，又是问好又是感谢，急中生智会想出许多令人同情的理由，如果门卫坚持不让他进门，他也会笑哈哈地离开。

2. 第二种人赶来之后，对于自己的迟到带着怒气，想要进去看电影的心情十分迫切，向门卫解释迟到的原因时，让人感到有些生硬，如果门卫坚持不让他进门，他也会带着怒气而去。

3. 第三种人来了之后，犹犹豫豫地想进去又怕门卫不让，微笑而又平静地向门卫解释迟到的原因，好像不在乎这电影早看一会儿或迟看一会儿，门卫一定不让他进去的话，他也会很平静地走开。

4. 第四种人来到的时候，首先可能看一看迟到的人能不能进去，如果看到别人能够进去，他也跟进去，如果门卫不让他进去，他也不愿意解释迟到的原因，默默地走开，最多只是责怪自己为什么不早一点来。

问题：（1）上述四种人分别属于哪种典型的气质类型？

（2）如果上述四种人进行购物时，会怎样表现？

分析提示：

（1）根据上述四种人的行为表现，可以判断他们的气质类型分别为多血质、胆汁质、黏液质、抑郁质。

（2）根据四种典型的气质类型对消费者的购买表现来回答。

任务三　汽车消费者的性格

一、性格的概述

（一）性格的概念

性格是一个人在现实的稳定的态度和习惯化了的行为方式中表现出来的人格特征。它通过人对事物的倾向性态度、意志、活动、言语、外貌等方面表现出来。

性格是在社会生活实践中逐渐形成的，一经形成便比较稳定，它会在不同的时间和不同的地点表现出来。性格的稳定并不是一成不变的，而是可塑的。性格在一个人的生活中形成后，生活环境的重大变化也会带来他性格特征的显著变化。

（二）性格的特征

1. 性格的态度特征

性格的态度特征指的是一个人如何处理社会各方面关系的性格特征，即他对社会、对集体、对工作、对他人以及对自己的态度的性格特征。例如，有的人热爱集体，有的人则自私自利等。

2. 性格的理智特征

性格的理智特征指的是人们在感知、记忆、想象、思维等心理活动过程中所表现出的个体差异。例如，在感知方面，有的人主动观察，有的人则被动感知；在想象方面，有的人喜欢形象思维，有的人则喜欢逻辑思维等。

3. 性格的情绪特征

性格的情绪特征指的是人的情绪活动对其他活动的影响，以及人对其情绪活动进行控制的性格特征。它通常表现在情绪活动的强度、稳定性、持久性和主导心境四个方面。例如，有的人乐观，有的人悲观。

4. 性格的意志特征

性格的意志特征指的是在意志作用下，人对自身行为的调节方式和控制程度所表现出的个人特点。它可以从意志品质的四个方面，即意志的自觉性、果断性、坚韧性和自制性上来考察；表现为是否有明确的目的，能否坚持自己的信念，能否自觉控制自己的行为。

（三）性格与气质的关系

气质与性格是相互联系、相互影响的。

两者相互影响：气质是性格形成的基础，气质影响性格的动态，使性格具有自己的特色；性格可以在一定程度上掩盖和改造气质，使之符合社会实践需要。具有不同气质的人可以形成相同的性格特征，具有统一气质的人可以形成不同的性格特征。

性格不同于气质，它受社会历史文化的影响，有明显的社会道德评价的意义，直接反映了一个人的道德风貌。所以，气质更多地体现了人格的自然属性，性格则更多地体现了人格的社会属性，个体之间的人格差异的核心是性格的差异。以下是两者的具体区别。

首先，两者的形成基础不同。气质的形成直接决定于人的高级神经活动类型，具有自然的性质；而性格的生理基础是神经类型特征和后天因素所引起的各种变化的"合金"。

其次，两者的稳定程度不同。气质为先天禀赋，具有牢固性和稳定性，难以改变；性格为后天陶冶，是个性心理特征的核心，具有相对稳定性和可塑性，能够改造。

最后，两者的作用倾向不同。气质与性格互相渗透、彼此制约，气质可给同样性格特征的人添上不同的色彩；性格是人的本质属性，可在一定程度上对气质起到掩盖、转化及改变作用。

二、汽车消费者性格的不同表现及对汽车销售的影响

汽车消费者性格特点的差异，通常表现在他们对待消费的态度和购买方式等方面。

（一）消费态度中的性格表现

1. 节俭型消费者

节俭型消费者在消费观念和态度上崇尚节俭，讲究实用。购车过程中较为注重汽车的实用性，而不在意车型的外观和内饰。节俭型的汽车消费者购车中多会考虑汽车的油耗，汽车排量选择1.6L及以下车型，价格在10万～15万元最为合适。

2. 保守型消费者

保守型消费者在消费态度上较为保守，习惯于传统的消费方式。购车过程中更喜欢中规中矩的车型，不张扬、不冒进，对新产品的市场信息抱有怀疑态度，且不愿冒险尝试新产品和尝试新的消费方式。

3. 随意型消费者

随意型消费者在消费态度上比较随意，生活方式自由而无固定的模式。在购车时，表现出较大的随意性，既考虑质量也讲究外观，且选购车型的标准经常根据实际需要和车型不同而改变，同时受外界环境、营销宣传及广告影响较大，联想丰富，不能完全自觉地、有意识地控制自己的情绪。

（二）购买行为上的性格表现

1. 习惯型消费者

习惯型消费者在购车过程中习惯参照以往的购买和使用经验。一旦他们对某种品牌车型熟悉并产生偏爱后，便会成为忠诚客户，配件的购买、车子的保养、换购车型会指定该品牌消费，同时不易受社会风尚、潮流影响而改变自己的观念和行为。

2. 慎重型消费者

慎重型消费者在购车过程中通常根据自己的实际需要并参照以往购买经验，进行仔细慎重的比较权衡，然后做出购买决定。购买过程中，不易受外界影响和左右，具有较强的自我抑制力。

3. 挑剔型消费者

挑剔型消费者在购车时强调主观意愿，自信果断，很少征询或听从他人意见，对销售人员的解释说明常常持怀疑和戒备心理，观察车型细致入微，有时甚至过于挑剔。

项目四　汽车消费者的个性心理

4.被动型消费者

被动型消费者由于缺乏商品知识和购买经验,在购车过程中往往犹豫不决,缺乏自信和主见,对车型的品牌、外观等没有固定的偏好,常常会受销售人员或亲朋好友意见的左右,没有自己的主见。

(三)汽车消费者的性格特征对汽车销售的影响

1.汽车消费者的态度特征

汽车消费者的态度特征体现在他们对社会、对集体、对工作、对他人、对自己等各个方面的态度。对社会方面,购车的行为就是对社会贡献,支持了汽车企业的生产、支持了国家的税收;对集体方面,购车后单位有用车的需求也可以尽份力量;对工作而言,购车即上下班代步,方便自己也保证工作的积极有效完成;对他人方面,有了车,邻里之间有事也好帮忙;对自己而言,买了车可以更好地享受生活。

2.汽车消费者的情绪特征

一般来说,汽车消费者在购车时不会产生太大的情绪波动,且基本上都能控制自己的情绪表露。他们不是心血来潮去买车,之后后悔再退车,也不会因受不良情绪刺激而去购买汽车,毕竟汽车是大宗物品。因而,汽车营销人员要通过自己的职业素养、专业知识、服务态度等让消费者产生积极的情绪促成购买行为,实现销售任务。

3.汽车消费者的意志特征

汽车消费者的购买行为,一般都是有计划、有准备的。通常购车都会去4S店或者展销会,都是和家人或好友一起去,汽车营销人员要想实现销售,是要采用一些方式和方法的。

4.汽车消费者的理智特征

在购车的认知活动中,消费者常主动观察,积极思考,分析总结,得出结论;在感知方面,消费者快速感知汽车的全貌,再精细感知某一部分;在记忆方面,消费者更多的是主动记忆、形象记忆;在思维方面,消费者是以主动思维为主兼而有被动思维,以独立思考为主兼而有依赖他人。

读一读

九型人格人群的购车观

第一型:完美型

欲望特质:追求不断进步。

购车观:完美主义者的车一定是他们心目中的dream car,没有一点瑕疵的。他的座驾一定不能只有外形却不易于操控,或易于操控却舒适度不够。他喜欢完美的汽车,就如同他自己一样。所以此种性格的人不会轻易买汽车,但买车的时候必定已深思熟虑了。

第二型:助人型

欲望特质:追求服侍。

购车观：作为习惯于付出的人来说，他的车几乎很少是由于自己的喜好才买的，而多是别人的喜好。对于操控性，他的要求并不多，但副驾的舒适感一定要完美绝伦，车内的储物槽一般较多。并且他们愿意把车内布置得像家一样，因为他们希望自己和喜欢的人能有一个可以蜗居的小港湾。

第三型：成就型

欲望特质：追求成果。

购车观：实干者讲求效率和实务，所以他们的车多是传统的商务用车，方便自己方便他人。他们也不会去考量自己的喜好，所以很容易受到广告的诱惑，只要带有"商务用车"四个字的标牌，都有可能成为他们的首选。

第四型：浪漫型

欲望特质：追求独特。

购车观：浪漫型的人选车的时候，十分注重情感，也可能是去世的亲人喜欢的车型，他们要把悲痛的感情加深，以达到无法自拔的效果。

第五型：观察者型

欲望特质：追求知识。

购车观：如果条件允许，观察者希望能够拥有多辆车，来应付他不同的职责，而不至于和做同一件事情的其他人大相径庭。如果只能买一辆车，他们选的车会趋于中庸，因为他不希望自己被任何人看作是个奇怪的人。

第六型：怀疑者型

欲望特质：追求忠心。

购车观：怀疑者型的人买车时通常会考虑"买这样的车别人会接受吗""会不会耗油""买车是不是还不如坐车方便呢"……所以他下定决心买车时，通常是已经把所有问题都想到了。

第七型：享乐型

欲望特质：追求快乐。

购车观：享乐主义者购车时只要自己喜欢就可以，可以是个性的外形，也可以是简单的因为内饰的一个小点缀，一切都看他们自己。

第八型：领导者型

欲望特质：追求权力。

购车观：领导者型人的车多是比较高端的，商务气息比较浓，并且安全系数一定要高。

第九型：调停者型

欲望特质：追求和平。

购车观：调停者选车会从"买什么车是否会造成任何冲突"的角度出发，若有冲突，宁可不买。

项目四 汽车消费者的个性心理

任务四 汽车消费者的能力

一、能力的概述

（一）能力的含义

能力是指能顺利、有效地完成一项目标或者任务所体现出来的综合素质。人们在完成活动中表现出来的能力有所不同。

能力总是和一定的实践联系在一起的，离开了具体实践，既不能表现人的能力，也不能发展人的能力。能力直接影响活动效率。能力是掌握和运用知识技能所需的心理特征及达成一个目的所具备的条件和水平。

（二）能力的分类

1. 一般能力和特殊能力

按能力的结构，可以把能力分为一般能力和特殊能力。

一般能力即平常所说的智力，是指完成各种活动都必须具有的最基本的心理条件。

特殊能力是指从事某种专业活动或某种特殊领域的活动时，所表现出来的那种能力，如音乐能力、美术能力等。

2. 液体能力和晶体能力

按能力与先天禀赋和社会文化因素的关系，可以把能力分为液体能力和晶体能力。

液体能力又叫液体智力，是指在信息加工和问题解决的过程中所表现出来的能力，它较少依赖文化和知识的内容，主要取决于个人的禀赋。所以，它受教育和文化的影响较小，却与年龄有密切的关系，20岁达到顶峰，30岁以后将随年龄的增长而降低。

晶体能力又叫晶体智力，是指获得语言、数学等知识的能力，它取决于后天的学习，与社会文化有密切的关系。在人的一生中，晶体能力一直在发展，只是25岁之后，其发展速度渐趋平缓。

3. 认知能力、操作能力和社会交往能力

按能力所涉及的领域，可以把能力分为认知能力、操作能力和社会交往能力。

认知能力指获取知识的能力，也就是平常所说的智力。

操作能力指支配肢体完成某种活动的能力，如体育运动、艺术表演、手工操作的能力。

社会交往能力指从事社交的能力，如与人沟通的言语交往和言语感染力、组织管理能力、协调人际关系的能力等。

4. 模仿能力、再造能力和创造能力

按创造成就，可以把能力分为模仿能力、再造能力和创造能力。

模仿能力指效仿他人的言谈举止，做出与之相似的行为的能力。

再造能力指遵循现成的模式或程序，掌握知识和技能的能力。

创造能力指不依据现成的模式或程序，独立地掌握知识和技能，发现新的规律和创造新的方法的能力。

（三）影响能力形成发展的因素

1. 遗传因素

生物所具有的心态结构和生理特性，相对稳定地传给后代的现象叫遗传。

影响能力发展的遗传因素，主要指的是一个人的素质（或叫天赋），即一个人生来具有的解剖生理特点，包括他的感觉器官、运动器官以及神经系统构造和机能的特点。素质是能力发展的自然基础和前提。

2. 环境因素

环境是指客观现实，包括自然环境和社会环境。遗传提供了心理发展的可能性，而可能性转化为现实性需要环境因素的配合。如家庭条件等。

3. 社会实践因素

人的能力是人在改造客观世界的实践活动中形成、发展起来的。不同职业的劳动制约着能力的发展方向与水平。人的各种能力是在社会实践活动中最终形成的。

4. 心理因素

人的主观能动性与人的能力发展也有密切联系。具有近似的先天条件与环境条件、又从事同样的实践活动的人，能力的提高也可能不同，这主要取决于个人的心理因素。

二、消费者的基本能力与汽车消费者的能力的类型

（一）消费者的基本能力

从事消费活动的消费者的基本能力包括对商品或服务的感知能力、分析评价能力、选择决策能力，以及记忆力与想象力等。

1. 感知能力

感知能力是消费者对商品外部特征和外部联系加以直接反映的能力。消费者感知能力的差异主要表现在对消费刺激的反应速度、准确度和敏锐度方面，同样一件商品，有的消费者能够就其外观和内部结构迅速地予以感知，形成对商品的总体印象；而有的消费者对商品的反应就比较迟钝，不能迅速抓住商品的主要特征，形成对商品的准确认知。能力强的消费者能够对商品的微小变化以及同类商品之间的细微差别迅速地加以清晰准确的辨认；能力弱的往往忽略或难以区分细小的变化。

2. 分析评价能力

分析评价能力是指消费者对接收到的各种商品信息进行整理加工、分析综合、比较评价，进而对商品的优劣好坏做出准确判断的能力。而分析评价能力的强弱主要取决于消费者的思维能力和思维方式：有的消费者思维的独立性、灵活性和抽象概括力很强，能够对接收到的各种商品的信息进行整理、加工，形成对商品的全面认识，在此基础上通过对不同商品的比较，对商品的好坏做出准确的判断；有的消费者则缺乏综合分析能力，难以从众多信息中择取有用信息，并迅速做出清晰、准确的评价判断。

消费者的分析评价能力与个人的知识经验有关。有专业知识和购买经验丰富的消费者可以正确评价商品的质量、性能；而普通消费者仅能根据产品的外观对商品做出浅显的评价与判断。

3. 选择决策能力

选择决策能力是消费者在充分选择和比较商品的基础上,及时果断地做出购买决定的能力。

消费者的选择决策能力直接受到个人性格和气质的影响。有的消费者在购买现场大胆果断、决断力强,决策过程迅速;有的则优柔寡断,易受他人态度或意见的左右,动摇不定。

消费者的选择决策能力还与对商品的认知程度、卷入深度、使用经验和购买习惯有关。消费者对商品的特性越熟悉,卷入程度越深,使用经验越丰富,习惯性购买驱动越强,决策过程就越果断、越迅速,决策能力就越强;反之,决策过程慢,决策能力相对较弱。

4. 记忆力与想象力

记忆力与想象力也是消费者必须具备和经常运用的基本能力。良好的记忆力可以把过去消费实践中感知过的商品,体验过的情感、积累的经验,在头脑中回忆和再现出来,并在此基础上做出比较和判断,从而做出最终的选择。丰富的想象力可以使消费者从商品本身想象到该商品在一定环境和条件下的使用效果,从而激发其美好的情感和购买欲望。例如,一个女性消费者在购买衣物时,会联想到她自己穿上这件衣服的效果。或者她会联想到这件衣服与她其他衣服搭配的效果。如果她感到满意,她就可能购买。这种能力可以有效地提高消费者的购买效果。

(二)汽车消费者能力的类型

汽车消费者与其他商品的消费者一样,其能力类型大致可以分为自主型、盲目型和缺乏自信型三类。

1. 自主型

自主型消费行为也称成熟型消费行为,这类汽车消费者通常具有较全面的能力构成(他们的感知能力、分析评价能力、选择决策能力都比较强),具有明确的购买目标,并已掌握有关汽车产品的信息与购买经验,能很熟练地选出自己需要的汽车产品。他们在购买现场能够按照自己的意志独立做出决策,表现出充分自信,受外界环境影响较小。

2. 盲目型

具有盲目型消费行为特点的汽车消费者,他的能力构成和水平处于中等状态。他们往往没有明确的购买目标,在购买过程中,往往更乐于听取销售人员的介绍和厂商的现场宣传,经常主动向销售人员或其他消费者进行咨询,以求更全面地掌握信息。他们通常对汽车了解很少,习惯在随意浏览中发现目标,很容易受外界环境的影响和他人意见的左右。

3. 缺乏自信型

这类汽车消费者的能力水平处于低下状态,通常购买目标与具体要求比较模糊,购买行为具有很大的随意性和盲目性,前期对汽车产品的信息知之甚少,很难对汽车性能及外观等方面提出具体要求。购车过程中,常希望从销售人员或其他消费者那里直接了解信息,极易受环境影响和他人意见的左右而动摇自己的看法。

对于不同能力类型的消费者,商家应该区别对待:对能力较强的消费者给他们充分的空间与自由,让他们自由挑选,过多的关照会令他们反感;对于能力水平一般的消费者,需要提供充分的产品及相关信息，特别是不同产品的特点的介绍，根据消费者的具体需求，引导消费者进行比较和选择，并最终做出购买的决定；对于能力比较低的消费人群，商家应给予更多的支持和帮助，这里必须强调的是诚信与职业道德，从而帮助这类人群做出正确的选择和购买决策。

巩固与实训

◆ 知识巩固

1. 什么是个性？举例说明个性对汽车消费者行为的影响。
2. 什么是气质？举例说明气质对汽车消费者行为的影响。
3. 什么是性格？举例说明性格对汽车消费者行为的影响。
4. 什么是能力？举例说明能力对汽车消费者行为的影响。

◆ 拓展实训

一、实训目标

1. 能正确判断并分析消费者个性（个性、气质、性格、能力）对汽车消费者心理的影响。
2. 善于观察及分析汽车消费者的个性，并能更好地营销。

二、实训内容

1. 以市内某4S店为调研对象，采集往来顾客的消费信息，分析消费者个性。
2. 各小组对消费者个性进行调研，分析消费者个性对汽车销售的影响，并进行思考总结。

三、实训组织

1. 以学生小组为单位，4～5人组成一个小组完成此次调查。
2. 调查完成后，以小组为单位撰写调查报告，在班级内进行交流展示。

（强调：明确人员分工）

知识链接

消费者购买行为模式

行为模式是指人的行为产生的基本过程或机制。心理学家和行为科学家把行为理解为在外部刺激的影响下，经由内部经验的折射而产生的反应活动。由于每个人的身体状况、知识、经验、心理状态不同，因而对刺激的反应存在着很大差别，同一刺激对不同的人，可能引起相同的行为反应，也可能引起不同的行为反应。心理学家和行为科学家提出的几种行为模式如下。

① S→R行为模式。S代表刺激，→代表神经系统的作用，R代表反应。这种行为模式表示一种刺激直接引起某种反应。

② S→O→R行为模式。S代表刺激，→代表神经系统的作用，O代表有机体，R代表反应。这种行为模式表示一种刺激并非直接引起某种行为，而是通过有机体的中介作用而引起某种反应。

③ B=f（P·E）行为模式。B代表行为，f代表函数，P代表个人，E代表客观环境。这种行为模式表示人的行为是个体与所处环境相互作用的函数。

行为模式理论

1. 科特勒的刺激反应模式

菲利普·科特勒提出了一个非常简洁的消费者购买行为模式。他认为，消费者行为模式一般由三部分构成（见下表）。

营销刺激	环境刺激		购买者的特征	购买者的决策过程		购买者的反应
产品	经济	→	文化特征	确认需要	→	产品选择
价格	政治		社会特征	信息收集		品牌选择
渠道	文化		个人特征	方案评价		经销商的选择
促销	艺术		心理特征	购买决策		购买时间
						购买数量

第一部分，包括企业内部的营销刺激和企业外部的其他环境刺激，它们共同作用于消费者以期引起消费者的注意。

第二部分，包括购买者的特征和购买者的决策过程两个中介因素，它们将得到的刺激进行加工处理，而加工处理的结果就是购买者的反应。

第三部分，是消费者购买行为的实际外化，包括产品选择、品牌选择等。

这三部分非常简洁，却很清晰地把消费者的购买过程描述出来。这一模式认为，消费者的购买行为不仅要受到营销刺激的影响，还要受到宏观营销环境的影响。消费者的不同特征使消费者产生了不同的心理活动，消费者的个性和决策方式，最终决定了消费者对产品、品牌、购买时机等的选择。

2. 巴甫洛夫模式

巴甫洛夫模式又称学习模式。根据巴甫洛夫的理论，人类的需求行为实质上是一种"条件反射"过程，而购买行为则是一种"刺激—反应"过程。这种"刺激—反应"之间的关系可细分为内驱力、诱因、反应和强化四个步骤。

（1）内驱力。是一种诱发购买行为的内部力量，如饥饿、恐惧、疲劳、危险、尊严等。

（2）诱因。是能够满足或缓解内驱力的某种产品或劳务，如食品、服装、交通工具、各种服务等。

（3）反应。是需求者对诱因的一种指向性行为，即为了满足需求而寻求某种产品或劳务的购买行为。

（4）强化。就是加强诱因和反应之间的联系。如果诱因和反应之间的联系经常得到强化，就会变成习惯，导致消费者重复购买。

没有内驱力和诱因，就没有购买行为，也就谈不上强化。按照这种模式，广告是一种重要的诱因，重复广告对消费者的购买行为影响很大。巴甫洛夫模式强调了决定消费者购买行为的心理机制和心理过程。

3. 维布雷宁模式

该理论认为，人类是一种社会动物，其需求和购买行为受社会文化、亚文化、相关群体、社会阶层和家庭的影响。这些因素直接形成和改变人们的价值观、审美观和生活方式，进而在很大程度上决定消费者的购买行为。维布雷宁提出的是一种社会心理模式。文化和亚文化对消费者消费行为的影响是总体的和方向性的，相关群体的影响则更加具体。相关群体从以下三个方面影响消费者的购买行为。

① 影响消费者对某种产品或品牌的态度，使之形成一定的消费观念。

② 相关群体为消费者规定了相应的消费内容和消费方式。

③ 相关群体潜移默化的作用，可能导致消费者的仿效、攀比从而出现商品流行现象。

项目五 汽车消费者的群体心理

 学习目标

了解社会群体概念；熟知参照群体含义，明确参照群体对消费心理的影响；掌握年龄、性别、家庭因素对汽车消费者心理的影响。

 能力目标

能正确了解社会群体和参照群体概念及含义；培养学生对消费群体心理影响的两大因素的重视。

 案例引导

揭秘豪华车消费群体

成功内敛型。购车目的：事业成功，个性稳重，不愿张扬的他们，购豪华车主要为了体现自己的独特品位。形象白描：他们年纪在 30～50 岁，成功人士。他们大多是律师、广告精英、IT 从业者，在豪华车进入中国的过程中这部分消费者表现出了极强的购买力。他们对品牌认知能力很强，具有消费忠诚度，他们深知自己的座驾最好不要高于客户，但是也一定要显示自己的品位和实力，所以开一部符合自己身份的车才是最得体的事情。他们一般不会盲目追求所谓的奢华和昂贵。热衷车型：在注重品牌、品质之外，风格稳健大方、内敛含蓄的车型显然更加符合这类消费者的秉性。在他们看来，事业成功是个人智慧与奋斗的结果，因而不愿被人归为"暴发户"之流。

年轻另类型。购车目的：年轻，有相当经济实力，懂得享受生活，追求与众不同，热爱汽车，在他们眼中，汽车不是交通工具，而是满足个性张扬的"玩具"。形象白描：这部分豪华车消费者多以年轻人为主，与其说是掏钱买车，倒不如说是在为展示个性"买单"。他们当中不少是当红的演艺明星或者体坛健将，生猛豪放的 SUV，动感激情的跑车能够匹配他们"与众不同"的消费取向。热衷车型：他们对车型的需求很个性化，奔驰、奥迪太过稳重，而沃尔沃外形中规中矩，无法张扬他们的个性，现在大量进口豪华车型的涌入，满足了他们的消费需求，也让马路上多了许多别样的风景——悍马H2、路虎揽胜、宝马X5、保时捷卡宴、奥迪TT……当这些车市中的"稀有元素"引起路人艳羡时，他们会觉得非常满足。

炫耀财富型。购车目的：购买豪华车出于攀比的心态。形象白描：一位经销商这样描述豪车的消费群体，他说，"奢华车消费者"存在两种分裂的形象：一种是穿着阿玛尼套装，有属于自己的事业，英语流利，每年去欧洲度假一个月；另一种用带有浓重乡音的普通话告诉某位售货小姐"要买一辆××××豪华车"。炫耀财富型豪华车消费者很像经销商所描述的第二类人群，他们对豪华车的消费能力惊人，而且都是现金全款购车。热衷车型：这部分消费者对豪华车的口味属于"通吃型"，买悍马、保时捷、奔驰、宝马往往一掷千金，不在乎开这车是否适合自己，他们购车的核心理念只求最贵。

实力精英型。购车目的：购买豪华车以体现实力，彰显身份，品牌是其考虑的首要因素。形象白描：某汽车公司年轻的老总，每天都开着价值百万元的黑色奔驰驰骋商海。约见客户，处理公司事务，身价不菲的座驾让他在商务交往中深感从容和自信。开一辆稳重、大气的豪华车跟客户谈业务，本身就是身份和成功的体现，客户对公司的资金实力也会有起码的信任。这样的消费者往往最受豪华车品牌的青睐和重视，他们年富力强，具有超越年龄的财富。一位常年从事进口车经营的车商告诉记者，在发达国家，豪华车市场的主导者是50～60岁的中年人和老年人，而中国的消费者年轻人很多。实力精英型消费者绝大多数是奔驰、宝马、林肯及凯迪拉克等豪华轿车的购买者，他们大多是企业、公司的决策管理者或是所有者。事业成功、经济基础雄厚、商务交往频繁，是他们共同的特点。因此需要一辆与身份相匹配的高档座驾，一方面体现企业的实力，增加商务谈判的"砝码"；另一方面提升个人身价，显示其对财富的运用与掌控。热衷车型：品牌是这部分人群消费的核心理念，越是家喻户晓、耳熟能详的品牌车型，越是能赢得他们的青睐，面对自己突然增加的财富时，他们毫不犹豫地选择"富贵的标志"——奢侈品来表明自己新的经济和社会地位，豪华车自然是不可或缺的选择。豪华车作为出行工具，其中被视为"豪华轿车代名词"的奔驰、宝马，尤其受到他们钟爱。当然，奔驰得是S级，宝马则首选7系列；车身颜色以大气、稳重、高贵、典雅的黑色为主，这也是豪华轿车领域公认的"经典色"。此外曾经曲高和寡的劳斯莱斯、宾利、捷豹、大众辉腾等豪华车型，在他们中也不乏问津者。

任务一　群体认知

一、群体的含义和特征

（一）群体的含义

群体是指在共同目标基础上，由两个以上的人组成的相互依存、相互作用的有机组合

项目五 汽车消费者的群体心理

体。任何一个群体要存在，必须有各种活动，群体成员之间必须相互接触和交流，并能相互影响，群体成员之间应该有共同的感情和心理倾向。

社会群体从广义和狭义两方面进行阐述：广义地说，泛指一切通过持续的社会互动或社会关系结合起来进行的共同活动，并有着共同利益的人类集合体；狭义地说，是由持续的、直接的交往联系起来的具有共同利益的人群。

（二）群体的特征

1. 目标共同性

群体形成是以若干人的共同活动目标为基础，有目标，成员才能形成共识走到一起，彼此合作，取长补短，群体集合的能量会远远超出单个个体之和，这就是群体的力量。正所谓"一根筷子轻轻被折断，十双筷子牢牢抱成团""一个巴掌拍不响，万人鼓掌声震天"。群体的这一特性，是群体建立和维系的基本条件。

2. 相对独立性

群体虽由单个个体构成，但一个群体又有相对对立的一面。群体最初形成的时候，可能只有简单的互相认同关系。随着群体的发展，往往会在内部形成稳定的交往方式，进而形成一定的公认的规范，用来协调成员的行为，以保证群体的功能得以实现。群体一经形成行为规范、行为准则、行动计划，就不会因个别成员的影响而改变。

3. 群体意识性

群体要求成员在群体活动中保持一致并以此与群体以外的成员区分开来，独特的群体活动特征使成员能够明确区分群体内成员和群体外成员，并把本群体视为一个整体，形成一致的群体意识。具体说来，群体意识也就是一种群体归属感，就是成员认为自己属于某个群体。这种意识一旦建立起来，群体成员就与群体外的人有了明显的区别感，对群体有了相应的期望和归属意识。

4. 有机组合性

群体并不是个体的简单组合，而是一个有机的整体。每位成员都在这个群体中扮演一定的角色，有一定的职务、一定的责任，以做好自己的工作而配合他人的活动，使群体成为一个聚集着强大动力的活动体。

二、群体的分类

（一）大群体与小群体

这是根据群体人数的多少而划分的。大群体成员多，成员之间的联系是间接的，通过群体的目标、组织机构等实现联系，如国家、民族、观众群体等都是大群体。小群体是成员人数较少，成员之间能够直接在心理上相互沟通，在行为上相互接触和影响的群体，如班级群体。

（二）松散群体、联合群体及集体

松散群体是群体发展的最低水平，只是人们在空间和时间上结成的群体，如公共汽车上的乘客，群体成员之间没有共同活动的目的、内容和意义。商店里的顾客也是松散群体。联合群体是松散群体进一步发展的结果，联合群体的特点是人们虽有共同的活动，但活动往往只有个人意义而没有共同的社会价值，群体活动的成功或失败都直接与个人利益有密切的关系。集体是群体发展的最高阶段，群体成员以共同活动的内容紧密联系在一起，这些活动既有个人意义又有社会价值。集体一般有共同的社会目标，有严密的组织结构，有共同的、一致的价值观念和公认的行为规范，有共同的心理感受，有集体荣誉感和心理凝聚力，有自己的作风和传统。

（三）正式群体与非正式群体

正式群体都有固定的章程和编制，并受到这些章程和编制的制约，对成员的地位、权利和义务有明确的规定。如政府机关、学校班级、工厂车间等都是正式群体。非正式群体是以个人的喜好、情感为基础建立起来的，成员之间无明确的规定，带有明显的感情色彩，如学校里各种各样的兴趣小组、学生社团等。

（四）现实群体与假设群体

现实群体是指存在于特定的时空之中，成员之间有现实联系的群体，如学校的年级和班级等。假设群体是指为了一定的需要，人为地将具有某些共同特征的人抽象组合在一起而形成的群体，如老年群体、健康群体。

为了有利于商品市场的定位，除了以上这些群体类别之外，社会学家还用更为严密的标准来对群体做出区分。如根据年龄、职业、性别、地域、爱好等来划分群体类别。这样的划分可以明确不同群体的群体心理特征和群体行为习惯。

三、群体心理对群体成员的影响

（一）群体压力

群体压力，即群体对其成员形成的约束力和影响力。任何社会群体都会对其成员的心理产生某种影响。这种影响往往是通过集体的信念、价值观和群体规范对个体成员形成一种无形的压力，这种压力称为群体压力。群体压力来自群体规范对个体成员的强制性约束和群体信念、价值观对个体成员的非强制性影响。

（二）群体认同感

群体认同感是指群体成员将群体的目标、规范、行为作为自己追求的目标和行为标准。其认同程度决定了一个群体的凝聚力和士气等，进而影响到群体的工作绩效。群体认同感可使群体成员在行动时，采取相同或相似的行为和行为方式。

影响群体认同感的因素大致包括：群体目标是否明确、恰当，群体有无"核心"人物，对群体成员需要的满足程度以及对群体内冲突的解决方式是否合适等。

（三）从众性

从众性是指群体成员自觉或不自觉地以某种群体规范或多数人的意见为准则，做出社会判断、改变态度的现象。引起人们产生从众心理的原因有三个方面。

一是"信息压力"和"规范压力"。信息压力是指人们大都是从社会群体中获得信息的，一般而言，群体中多数人的看法有一定的正确性，所以在没有确切标准的情况下，个体便容易相信在场的其他成员的意见，从而发生从众行为。群体规范压力表现为，群体喜欢与群体意见一致的个体，而不喜欢偏离者、越轨者，必要时群体会把偏离者排斥在群体之外，这种压力也迫使个体遵从。

二是与群体的特点有关。其一，群体凝聚力越强，使人遵从的压力就越大，就越容易出现从众行为；其二，多数成员所处的地位越高，迫使他人遵从的压力就越大，也越容易出现从众行为。

三是与群体成员的特点有关。自信心强的人，独立性也比较强，对群体的遵从性就比较小。文化知识越多，判断力越强，从众的可能性就越小。反之，则遵从性强。

（四）群体支持感

群体支持感是指当群体成员的行为符合群体规范和群体期望时，群体成员会受到来自群体的鼓励和支持，从而使其行为得到强化。能够获得来自群体的支持，是保证群体成员在行为表现上与群体一致的重要因素之一。

群体认同感、从众性和群体支持感是形成消费者群体内某一商品流行的重要原因。

四、参照群体对消费者心理的影响

（一）参照群体的含义与类型

1. 参照群体的含义

参照群体是参照对象的群体的简称，也叫标准群体或榜样群体。这种群体的标准、目标和规范可以成为人们行动的指南，成为人们努力要求达到的标准。个人会把自己的行为与这种群体的标准进行对照，如果不符合这些标准，就会改正自己的行为。例如，工厂的先进班组、机关的先进科室等。他们的规范，自然而然地变成每个成员的行为准则。

参照群体是一个社会群体的类型，但有必要与一般的社会群体区别开来。参照群体实际上是个体在行使其购买或消费决策时，用以作为参照、比较的群体。

参照群体一般是与所属群体同类的群体，例如，大学中某班级的成员选择另一班级作为其参照群体，并以该班级的状况来评判自己所属的班级。但是，有时候参照群体并非与所属群体同类。根据成员的不同参照需要，会形成不同的参照群体，同一参照群体的意义在不同时期有可能发生变化。

参照群体通常对其成员的认知、情感、态度和价值观等产生重大影响，并因此而削弱或加强所属群体的团结。对参照群体，有三种外延：①在进行对比时作为参照点的群体；②行动者希望在其中获得或保持承认的群体；③其观点为行动者所接受的群体。因此，参照群体不仅包括具有直接互动的群体，而且还涵盖了与个体没有直接接触但对个体行为产生影响的个人或团体。

2. 参照群体的类型

根据参照关系上个体的地位和对个体的参照人或群体的影响程度，根据我们是不是其中的成员，可以把参照群体分为"所属参照群体"（我们是其中的一员）和"非所属参照群体"（我们不是其中的一员）两类。根据情感吸引力和吸引方向，可以把参照群体划分成"肯定参照群体"和"否定参照群体"两类。把这两种标准合并起来，就得出四类参照群体：回避性参照群体（否定、非所属），热望性参照群体（肯定、非所属），拒绝性参照群体（否定、所属），会员性参照群体（肯定、所属）。

（二）参照群体的功能

1. 规范功能

规范功能在于建立一定的行为标准并使个体遵从这一标准。例如，父母的言行举止会影响子女的行为、观念和态度。个体在这些方面所受的影响对其行为有规范作用。

2．比较功能

比较功能是指个体把参照群体作为评价自己或别人的比较标准和出发点。如个体会在消费中以自己的同事或朋友作为参照或效仿对象。

（三）参照群体对消费者的影响

1．名人效应

名人或公众人物，作为参照群体对公众尤其是对崇拜他们的受众具有巨大的影响力和感召力。名人效应已经在生活中的方方面面产生了深远影响，比如，名人代言广告能够刺激消费，名人出席慈善活动能够带动社会关怀弱者，等等。简单地说，名人效应相当于一种品牌效应，它可以带动人群，它的效应很强大。

2．专家效应

专家效应是指在某一专业领域具有专门知识、经验和特长的人，如医生、律师、营养学家等。专家具有丰富的知识和经验，在介绍、推荐产品时更具有权威性，可产生特有的公信力和影响力。

3．"普通人"效应

"普通人"效应——贴近生活，引发共鸣。运用满意顾客的证词、证言来宣传企业的产品，是广告中常用的方法之一。由于代言人是和潜在顾客一样的普通消费者，使受众感到亲近，从而使广告诉求更容易产生共鸣。

4．经理型代言人

经理型代言人——品牌效应。用公司总裁或总经理做代言，利用人们对品牌的肯定来宣传产品。例如，格力空调的老总董明珠在广告中促销其产品；老干妈老总陶华碧在产品包装上放置自己的照片。

五、消费群体对消费者心理的影响

（一）消费群体的概念

消费群体是指有消费行为且具有一种或多种相同的特性或关系的集体。比如，消费者收入水平相近、购物兴趣相同，或者年龄处于同一阶段，或者工作性质与职业相同等。

（二）消费群体对消费者的影响

1．提供群体规范

由于群体成员的消费行为具有一种或多种相同特性，因而群体内部往往会形成一个群体成员所共同遵守的群体规范。这种规范能够为群体成员的消费行为提供认知标准和行为准则，并对成员的思想和行为进行调节、评价，即为思想和行为确定可接受或不可接受的范围。

群体规范可能不为群体外的人所察觉，但置身其中的群体成员能够明显地感受到这些规范的存在，他们的消费心理和行为都会受到这些规范的影响。

2．引起效仿欲望

效仿是一种最普遍的社会心理现象，当群体中存在效仿对象时，个体的效仿欲望就容易被激发。消费群体的思想和行为往往能为群体成员提供具体的行为模式，这种模式能够引起群体成员的效仿欲望。

3. 促使消费心理趋于一致

消费群体对商品的认识和评价能对群体成员的消费心理产生一种群体压力。群体人数越多，群体压力就越大，这种压力能使群体成员的消费心理自觉或不自觉地趋于一致。

（三）汽车消费群体的分类

汽车消费群体根据群体维度和购车用途不同，可以分为私人用车购买者、生产经营用车购买者、商务及事业单位用车购买者、机关公务用车购买者。

私人用车购买者包括个人消费和家庭消费。

生产经营、商务及事业单位、机关公务用车购买者统称组织用户，属于组织消费者。汽车厂商通常称他们为大客户。

群体维度

就群体本身而言，它是一个多维度的综合体，是不同维度的不同结合。

年龄维度。每个群体的存在都离不开年龄维度，因为群体是由具有各种年龄特征的人组成的。群体的这一维度直接决定着群体的活动特性。

知识维度。知识维度决定着群体的层次，但这种层次是不稳定的。因为知识维度具有较大的活动性，群体中的个体通过学习提升知识维度，从而提升群体的层次。

能力维度。能力维度决定着群体的质量，而且能力维度相对稳定。能力维度高，群体的活动质量就高；反之，群体的活动质量则不会理想。

专业维度。专业维度是群体里的特殊因素。因为个体所具有的专业是通过学习、培训和训练得来的。专业维度合理的群体，其活力也会较强，通常可进行创造性活动；而专业维度组合不当，会导致纠纷不断、效率低下等问题。

任务二　年龄因素的影响

按照年龄阶段的不同，汽车消费群体可以划分为青年消费群体、中年消费群体和老年消费群体。不同年龄消费群体的生理及心理基础、社会阅历等都有所不同，因而他们的心理特征存在着较大差别。

一、青年消费群体的购车心理特征

青年消费群体成员的年龄一般为18～35岁，其生理发育已逐步成熟且充满激情活力，在中国他们是汽车消费者的主要群体。

（一）追求新颖，紧跟潮流

青年消费者典型的心理特征之一就是思维敏捷、思想活跃，对未来充满希望，具有冒险和猎奇心理，大胆追求新事物、新观念。在消费心理与行为方面表现为追求新颖与时尚，领导消费新潮流。在接受新产品的时间方面，青年消费者往往扮演创新者和早期购买者的角色。他们是新车型、新消费理念的追求者、尝试者和推广者。

（二）追求个性，张扬自我

该群体的成员自我意识增强，消费心理方面常要追求个性独立，希望确立自我价值，形成完善的个性形象，希望所购的汽车具有个性，并力求在消费活动中充分张扬自我。

（三）注重情感，相信直觉

该群体的成员情感丰富、强烈且不太稳定、波动性大，较易受客观环境、社会信息的影响而冲动消费。其消费行为受情感和直觉的因素影响较大，只要直觉告诉他们商品是好的，可以满足其个人需要，就会产生积极的情感，迅速做出购买决策，实施购买行为。

（四）崇尚品牌，追捧名牌

青年消费群体接触信息广，社交活动多，渴望在群体活动中体现自身的地位与价值。反映在消费心理与消费行为方面，就是青年人特别注重汽车的品牌和档次，追求汽车品牌的象征意义。在他们看来，品牌可以提升自信心，可以带来成功的感觉。

二、中年消费群体的购车心理特征

中年消费群体成员的年龄一般为36～60岁，他们具有丰富的社会阅历和比较固定的生活方式，收入较稳定、消费能力强但经济负担较重。

（一）注重实用与便利

中年人大都是家庭经济的主要负担者，因而该群体的成员多数懂得量入为出的消费原则，求实、节俭，消费心理较强，消费时注重汽车产品的实用性、便利性，会认真分析、细致挑选，并能理智地支配自己的消费行为。

（二）注重传统与身份

该群体的成员正处于"不惑"或"知天命"的成熟阶段，大多有稳定的职业，因而行事不再冲动而以稳重、老练、自尊、富有涵养为原则，注重建立和维护与自己身份相适应的消费标准。消费方面尊重传统，会考虑他人感受，会在意别人和社会的看法，随大流、不激进，对新产品缺少热情和关注。

（三）理性购买多于冲动购买

该群体的成员生活经验丰富，情绪反应一般比较平稳，很少受外界环境的影响去赶时髦或超前消费，他们大多消费理性，善思考。

三、老年消费群体的购车心理特征

老年消费群体成员的年龄一般在60岁以上，他们的生理和心理上均发生明显的变化。有固定收入但常会舍不得消费，有阅历但常会固执己见。

项目五　汽车消费者的群体心理

（一）心理惯性强，品牌忠诚度高

老年人在长期的消费生活中形成了比较稳定的态度倾向和习惯化的行为方式，很难轻易改变，表现在日常生活中的购买方式、使用方法、品牌认知等方面。他们往往对传统产品情有独钟，对能唤起美好回忆的汽车有特殊的感情，会成为品牌的忠实顾客。

（二）注重性价比，追求便利

老年消费者对商品的普遍要求是物美价廉。群体成员注重汽车的实用性，强调汽车的质量可靠与价格合理。同时，他们对消费过程中的便利性也十分注重，希望购车过程享受热情的态度、优质的服务、舒适的环境、简单的程序等。

四、年龄因素对消费者购车的实际影响

（一）车主年龄年轻化，自主意识强

随着人们收入水平的不断提高，汽车价格逐年下降，汽车消费进入大众化消费阶段。90后、00后消费者已逐步成为中国汽车市场的消费主力。同时，人们拥有或计划拥有第一辆车的年龄有所提前。经调查，接近一半的90后在25岁之前拥有或计划拥有第一辆车。消费者在购车付款方式选择方面，呈现出年龄越小越倾向于采用分期付款方式购车的现象。

（二）汽车消费市场的目标消费群体特点不同

60后比较中规中矩，注重车的实用性，购车看重车的基本效能；70后包容开放，注重轿车的驾驶乐趣；80后开放独立，有自己的行为处事方法，他们价值观念超前，把汽车看作社交工具；90后个性张扬，常把汽车看成亲密朋友，更喜欢选择有个性的车型。

（三）中、高档车还是以中年消费群体为主

中、高档汽车一般锁定的消费群体是在35～45岁的中高收入者。这类消费群体购车的时间是在功成名就之后或事业成功之时，车便是车主身份的象征。他们较少考虑价格，更多关注的是汽车品牌、性能、外观、安全、配置等要素。

任务三　性别因素的影响

读一读

以往购买汽车的通常模式是男人做主，如果有妻子或女朋友陪伴，她们顶多只是对汽车的颜色和内部装饰提点建议。

当前有研究表明，80%的汽车购买受到女性的影响，其中50%的小汽车由女性做主购买。女性是很多车型的积极购买者，这些车型包括尼桑pulsar（尼桑脉冲量）、凯迪拉克Cimarron（凯迪拉克西马龙）、丰田SR5s、福特Escort（福特福睿斯）。固守过时的消

73

费模式的经营者，不是忽视女性购买者，就是过分强调女性题材，这些人往往会错失销售良机。例如，雪佛兰的一则以女性为诉求对象的广告出了问题，原因是该广告只提供了极为有限的产品特征信息，而过分强调汽车的色彩。同时克莱斯勒在一种名叫"女人"的汽车上失败，是因为它是按照过去的女性形象所设计的。

尽管对美国的消费者所做的调查一再表明，女性对汽车基本特征的要求与男性一样，但也存在细微差别。例如，很多汽车有收音机、取暖器等设备常会让拥有美甲的女性不方便操作。同样，女性对汽车广告中对女性角色不真实的描绘感到反感。而且，汽车行业的营销人员常常不认真对待女性消费者，这使她们感到苦恼。女性对汽车展厅的环境也有较高的要求。针对女性角色的变化，汽车制造商做营销策略调整的例子有：

Pontiac Grand Am（庞蒂克品牌格兰丹姆车型）的广告里，一名年轻女子在购买汽车时把她的哥哥带来为她挑选颜色。

大众公司的 Passat（帕萨特）汽车广告塑造的是一个年轻男经理奉命开车去接本公司的总裁，这位总裁是一位年龄稍大的女性，她要挑这种汽车去进行越野兜风。

通用汽车公司的五则赛车广告中，有四则具有女性特色。其中一则显示由于车门的入口设计较低，一位女经理虽然身着套装，却能悠然自得地坐进汽车。

60%的新型的 Mercury（水星品牌）山地运动车的购买者预计为女性。这种车正在女子高尔夫球锦标赛和一些杂志（如《玛拉贝拉》和《名利场》）上做推销宣传。

"性别"身份是指女性特征（温柔和同情等表现特征）和男性特征（如进攻性和支配欲等气质特征）。这些特征是两性特征的极端表现，而每一特征在不同个体身上的表现层次又不相同。在生理上，男性又朝着男性化的方向发展，女性则朝着女性化的方向发展。如今女性是很多种类汽车的重要购买者。

一、男性群体的消费心理

（一）购买行为有明确的目的性和理智性

男性常常是在感觉到缺什么的时候再去购买商品，所以他们购买的目的性很强。另外，男性比女性更善于控制自己的情绪，更具有理智性，不会因为商场打折促销而大量购物。

（二）购买动机形成的迅速性和被动性

男性消费者在认识到了某种需求之后，会很快地转化为购买动机，并进行购买。同时男性消费者的购买动机也很被动，其形成的原因往往是外界影响造成的，如家里物品缺乏，或者是朋友的委托。

（三）购买过程的独立性和缺乏耐心

对熟悉的商品，男性消费者在购买时很少货比三家，在购买过程中不愿意讨价还价，对商品挑选不仔细。这体现了男性消费者在购买过程中的独立性和缺乏耐心。

二、女性群体的消费心理

（一）购买行为的主动性与购买目标的模糊性

一般来说，女性比较喜欢"逛"，女性的消费行为大多是在逛商场的时候产生的，即使事先并不打算购物,但在逛的时候看到合适的商品或者是打折商品,就会顺便买一些回来。她们常常为自己的"丰收"而产生一定的成就感,相对男性购买目标的目的性,女性的目的性就显得比较模糊。

(二)购买行为受环境因素的影响较大

由于女性有较强的自我意识和敏感性,她们在选购商品时就很容易受到外界环境的影响。比如,商场环境、购买氛围以及营业员的推销等。在这些环境因素的影响之下,女性消费者容易出现从众行为。从这方面讲,女性比男性更容易出现冲动购买。

(三)注重商品的具体利益

女性消费者更重视所买的商品能给她带来什么享受,商品的具体利益越显而易见越好。大多数女性掌管着家庭的收支,所谓"不当家不知柴米贵",所以她们更注重商品本身的实用价值。大多数女性在购买商品的过程中会货比三家,谨慎仔细地比较利害得失,追求商品的物美价廉。

读一读

> 问题:您经常购物吗?您购物的原因是什么?您购完物时会发现买了一些不需要的东西吗?您一次购物花费多长时间?您会因为商场搞活动而特地出来购物吗?您会货比三家吗?
>
> 经调查发现,在被调查者中男性有一半的人数不经常出来购物,而经常出来购物的人中也大多是陪其他人出来,他们出来购物的原因一般是家中缺少了这部分物品,他们只买自己需要的,买好就离开。大部分男性一次购物的时间在3小时之内,而他们对商场活动并不是很关注,他们除了买大件商品会货比三家外,其余的则很少。而女性消费者与男性消费者有很大不同,她们经常出来购物,购物的原因各种各样,有的是因为商场打折促销,有的是因为家中缺少了这部分物品,还有的只是出来逛逛,看到想要的或便宜的就想买。有些女性会买一些自己不需要的物品,一次购物时间在3小时以上,并且有些女性会因为商场的大力促销而出来购物,她们购买商品时会与同样商品在其他地方的价格进行对比。

三、性别因素对消费者购车的客观影响

(一)汽车消费不能忽视女性

有言道:"女性住在时装中,男人住在汽车中。"随着经济的发展将被改写,社会的发展使因性别差异导致的分工差异逐步淡化,如今在街头出现越来越多的女性驾驶者。与女性驾车比例提高相对应的是,女性对汽车的购买能力也日益增强,同时在家庭购车中的话语权也在不断加大。据调查,我国女性车主比例从2010年的17%上升至2016年的29%,而月收入大于1.5万元的中产女性购车预算达35万元,远高于相同收入水平的男性。车市中女性消费已经成为社会不可忽视的力量,汽车消费进入了"她"时代。

(二)男性选车重性能、女性选车重舒适

在调查中我们发现,男性车主中78.21%的人首要考虑的汽车因素是车辆的性能,尤其

是对车辆的动力性能、配置完备、操控性、越野性能等感兴趣；女性车主中 68.3% 的人选择车辆的主要因素是汽车的安全、舒适、时尚、外形、颜色，其购车动机更多出于对个人休闲和家庭生活的考虑。

（三）男性关注油耗、女性关注服务

关于油耗问题的调查结果显示，"经常关注油耗"的男性车主占了 54.03%，而女性车主仅占 35.08%；选择"没怎么注意过油耗"者，男性车主占 4.96%，女性车主占 20.58%。女性消费者更注重售后服务，61.6% 的女性希望得到更优质、更便捷的售后服务，包括维修保养的便利性、时效性和服务质量等，而男性关注的比例是 57.4%。

（四）"汽车消费性别换位"

按常理说，男性和女性对汽车的偏好，与他们的外形、性格等因素应当是一致的。可是，现在有一种趋势，有人把它称为"汽车消费性别换位"，驾驶色彩鲜艳两厢车的不是窈窕的女士们，更多的是男士们；相反，开丰田普拉多这类 SUV 或越野车的却很多是女士。狮跑、丰田 RAV4 荣放、途胜这样的城市 SUV 的车主很多是女性，还有些女士喜爱驾驶保时捷卡宴、大众途锐、奔驰 ML350、路虎这样更大型号的 SUV。女车主表示，驾驶越野车有一种高高在上的感觉，感觉特别安全，同时众多先进装备也方便驾驶，驾驶 SUV 出行有底气、有自信。有人士分析认为，现在十几万元、二十几万元就能买一辆很好的轿车，而同价位的 SUV 也不在少数。因此，部分女性消费者买车时就索性买辆"个子"大的 SUV。

任务四　家庭因素的影响

一、家庭的概述

（一）家庭的含义与特征

家庭是由婚姻、血缘或收养关系所组成的社会组织的基本单位。狭义的家庭是指一夫一妻制构成的单元；广义的家庭则泛指人类进化的不同阶段上的各种家庭利益集团，即家族。

家庭的特征有三：
① 家庭是一个社会群体。
② 家庭是以婚姻、血缘或收养关系为基础。
③ 家庭成员经济上相互依赖。

（二）家庭的结构类型

1. 按照家庭的规模划分

按照家庭的规模划分为核心家庭、主干家庭和联合家庭。

（1）核心家庭　核心家庭已成为我国主要的家庭类型。核心家庭的特点是人数少、结构简单，家庭内只有一个权力和活动中心，家庭成员间容易沟通、相处。

（2）主干家庭　主干家庭又称直系家庭，是指由两代或两代以上夫妻组成，每代最多不超过一对夫妻，且中间无断代的家庭。在我国，主干家庭曾为主要家庭类型，但随着社会的发展，此家庭类型已不再占主导地位。主干家庭特点是家庭内不仅有一个主要的权力和活动中心，还有一个权力和活动的次中心存在。

（3）联合家庭　指包括父母、已婚子女、未婚子女、孙子女、曾孙子女等几代居住在一起的家庭。联合家庭的特点是人数多、结构复杂，家庭内存在一个主要的权力和活动中心，几个权力和活动的次中心。

2. 按照非传统家庭结构划分

按照非传统家庭结构划分为单亲家庭、重组家庭和丁克家庭。

（1）单亲家庭　是指由离异、丧偶或未婚的单身父亲或母亲及其子女或领养子女组成的家庭。单亲家庭的特点是人数少、结构简单，家庭内只有一个权力和活动中心，但可能会受其他关系的影响。此外，经济来源相对不足。

（2）重组家庭　是指夫妇双方至少有一人已经历过一次婚姻，并可有一个或多个前次婚姻的子女及夫妇重组的共同子女。重组家庭的特点是人数相对较多、结构复杂。

（3）丁克家庭　是指由夫妇两人组成的无子女家庭。丁克家庭的数量在我国逐渐增多。丁克家庭的特点是人数少、结构简单。

家庭结构类型的分类如图 5-1 所示。

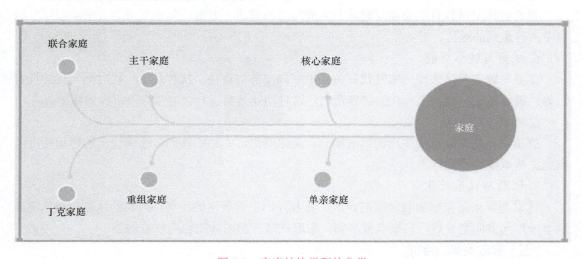

图 5-1　家庭结构类型的分类

（三）家庭中的权威模式

1. 父权家庭

父权家庭是历史上大多数家庭的模式，即家庭中最年长的男性拥有大部分权威，女性负责家务和照顾孩子。

2. 母权家庭

母权家庭中最年长的女性拥有大部分权威。至今没有确凿证据表明，妇女同样拥有过现在男性所具有的权威。父系社会里，个别家庭也可能由于没有最年长的男性而由女性领导。

3. 母主家庭

母主家庭是一位妇女成为家庭的核心和最主要成员的家庭，常发生在男性由于战争、外出、离婚、非婚生育等时候，但不在家的丈夫、前夫、同居男友依然行使相当的权力。

4. 平权家庭

现代社会出现了向平权家庭发展的趋势，即丈夫和妻子在权利和义务上基本平等。

（四）家庭的功能

家庭功能亦称家庭职能，是家庭在人类生活和社会发展方面所起的作用。其内容受社会性质的制约，不同的社会形态，构成不同的家庭职能。有些职能是共同的，是任何社会都具有的，有些职能是派生的。中国的家庭功能基本上分为经济功能、生育功能、性生活功能、教育功能、抚养与赡养功能、感情交流功能和休息与娱乐功能等。

1. 经济功能

经济包括家庭中的生产、分配、交换、消费。它是家庭功能中其他方面的物质基础。

2. 生育功能

从人类进入个体婚制以来，家庭一直是一个生育单位，是种族延续的保障。

3. 性生活功能

性生活是家庭中婚姻关系的生物学基础。性生活和生育等行为密切相关，社会通过一定的法律与道德使之规范化，使家庭成为满足两性生活需求的基本单位。

4. 教育功能

教育包括父母教育子女和家庭成员之间相互教育两个方面，其中父母教育子女在家庭教育中占有重要的地位。

5. 抚养与赡养功能

抚养与赡养具体表现为家庭代际关系中双向义务与责任。抚养是上一代对下一代的抚育培养；赡养是下一代对上一代的供养帮助，这种功能是实现社会继替必不可少的保障。

6. 感情交流功能

感情交流是家庭精神生活的组成部分，是家庭生活幸福的基础。感情交流的密切程度是家庭生活幸福与否的标志。

7. 休息与娱乐功能

休息与娱乐是家庭闲暇时间的表现，随着人们生活条件的改善，人们的休息和娱乐逐渐从单一型向多向型发展，日渐丰富多彩，家庭在这方面的功能也将日益增强。

（五）家庭消费的特征

1. 广泛性

家庭消费几乎涉及生活消费的各个方面。

2. 阶段性

家庭消费在不同时期购买行为有明显差异。最初，新婚宴尔，组建家庭，多表现出为家庭发展和为夫妻自身购买的行为和心理。以子女为中心的消费行为在传统的中国家庭可能持续到家庭解体、消失，也可能持续到子女独立成家以后。但在这一阶段，随着子女成长，消费行为也会出现以子女为中心的消费阶段性，如子女上学、工作、成家等不同时期的不同消费行为。最后，老年夫妻的晚年生活，表现为继续为子女或隔代人服务以及以闲暇为主的消费生活。

3. 差异性

不同家庭的消费行为具有很大的差异性。

4. 相对稳定性

家庭消费的稳定性是指我国大多数家庭的收入一般是相对固定的，而用于日常消费支出及其他各项支出间的比例关系也是相对稳定、均衡的。同时，我国传统道德观念使大多数家庭能够维系一种紧密、融洽、安定的家庭婚姻关系。社会政治、经济、法律等环境促成家庭关系的稳定，也促成家庭消费的相对稳定。

5. 遗传性

具有家庭特色的习惯及观念会在日常消费行为中由老一代或父母潜移默化地传给后代子女。当青年一代脱离原有家庭、组建自己的家庭时，必然带有原有家庭消费特征的烙印。

二、家庭因素对消费者购车的常态影响

概括地说，家庭对汽车消费者的影响是实实在在的，是起支配作用的，是第一位的。

（一）家庭因素决定了对汽车的支付能力

一个家庭的经济收入及其存款的多少，决定了这个家庭近期能否买车。有愿望，没有支付能力，买车也只能是美好的空想。因此，从这个角度出发，就目前中国的家庭收入状况看，许多家庭其实都具备了买车的实力。

总之，家庭的经济收入决定了对汽车消费的支付能力，这是"能否买得起"的问题。

（二）家庭因素还决定了汽车消费的档次问题

这不仅仅是家庭经济收入的问题了，还有家庭成员各自的意见、家庭重大问题的决策权等因素。而所有这些，直接决定了家庭汽车消费的档次。具体说，是品牌、价格、配置、性能等一系列问题。如果家庭很民主，而且能尊重妇女与儿童的意见，那么，妻子与孩子的意见将左右这个家庭汽车消费的最后决策；如果这个家庭是男性绝对权威，男主人将最终说了算。当然，买什么档次的车，还要看买车的用途。不同的用途，买车的档次当然也不一样。

（三）家庭因素决定了汽车消费的具体时间

如果家里急需用车，又有足够的钱，那么，买车是马上可以做到的；如果家里不那么急需，又没有凑够钱，那买车就可以拖一拖。但是，怎么把这"潜在的消费"变成"现实的消费"，这是汽车厂家、商家要研究的问题。

（四）家庭因素决定着汽车消费的方式

汽车消费的方式，就是说是用自己的钱一次性付款呢，还是分期付款购买呢？在这一点上，多数家庭是一次性付款，且都是用自己的钱。只有少部分人是分期付款，是贷款买车。每个家庭的收入情况不同，家庭的具体情况有所差别，因此在汽车消费的方式上，必然要反映出差别来。

（五）家庭因素还决定着汽车消费的数量

90%～95%以上的家庭买车，也就是买一辆。再买的话，除非这辆车报废了。但是，不要忘了还有那5%～10%，就全国范围来看，那就不是个小数目了，这个目标市场相当可

观。少数家庭由于特殊需要，一辆车不能解决问题，因此必须再买一辆车。

巩固与实训

◆ 知识巩固

1. 什么是社会群体？社会群体的特征有哪些？形成的原因是什么？
2. 什么是参照群体？有哪些类型？
3. 性别因素对汽车消费者的影响是什么？
4. 年龄因素对汽车消费者的影响是什么？
5. 家庭因素对汽车消费者的影响是什么？

◆ 拓展实训

一、实训目标

1. 能正确判断并分析当下社会群体（参照、性别、年龄、家庭）对汽车消费者心理的影响。
2. 善于观察及分析汽车消费者的群体心理。

二、实训内容

1. 以校园周围的不同年龄段群众为调研对象，随机采访并记录调查结果。
2. 结合所学内容，分析群体心理对汽车消费者的影响程度，并进行思考总结。

知识链接

中国汽车消费蓝海市场洞察白皮书

2013年7月10日，北京：在中国汽车工业协会举办的汽车行业信息发布会上，中国汽车工业协会与尼尔森联合发布了《中国汽车消费蓝海市场洞察白皮书》。"白皮书"基于对全国各线城市汽车消费者的抽样调查，洞察中国汽车消费者的需求转换，为汽车企业抓住市场机遇，开拓蓝海空间提出了前瞻性的建议。此外，"白皮书"还指出了汽车市场发展的三个现状：下一年中三、四线城市消费者占新增购车需求的比重高达68%；中国女性消费者的购车需求呈快速增长趋势；年轻消费者崛起成为新兴生力军。

低线城市——中国汽车市场未来增长的强大引擎

中国汽车工业协会与尼尔森联合发布的"白皮书"显示，来自三、四线城市消费者占中国未来一年内计划购车消费者总数的68%，而在现有车主中这些城市仅占55%。在这68%来自三、四线城市的潜在消费者中，初次购车的消费者高达56%。

"得益于中国城镇化的持续发展，以及居民生活水平的全面提高，三、四线城市消费者的消费潜力得到进一步释放。消费者对乘用车的购买需求已由沿海地区逐步向中西部地区转移，由一、二线城市向低线城市转移。"中国汽车工业协会常务副会长兼秘书长董扬表示。

从购车预算方面看，近60%的三、四线城市消费者的购车预算在12万元以下，其中1/3的消费者将目标价位集中在8万~12万元。

低线城市消费者在购车时将实用性作为首要的考虑因素，油耗（55%）、安全性（47%）和产品质量（43%）在消费者关注度的排名中名列前茅；而消费者对舒适度（27%）、品牌知名度（26%）和车内配置（24%）的关注程度则相对较低。低线城市消费者的这种实用主义态度也反映在他们对产品的售后服务、安全性和厂商的质量承诺的重视，但对是否配备节能动力技术，智能化技术和定制化服务的兴趣度则相对较低。

中国汽车工业协会与尼尔森联合发布的"白皮书"研究显示，与低线城市相比，来自一、二线城市的消费者仅占未来一年中国整体具有购车意愿的消费者总数的23%，但在这些一、二线城市的意向消费者中，65%的新车需求将来自再购车主（计划增购或者换购的消费者）。因此，一、二线城市的再购需求和其所带来的市场机会在短期内仍不容汽车企业所忽视。

在车身形式上，三厢轿车（60%）和SUV（45%）颇受一、二线城市的消费者的青睐。在功能偏好上，除了安全性配置之外，节能动力系统也成为消费者的首选。"高档三厢轿车和SUV汽车已经成为汽车厂商在一、二线城市进一步挖掘潜在消费需求的一个全新的市场机会。对于一、二线城市的消费者而言，汽车已不仅仅是简单的交通工具，他们寻找的是能够满足他们更高需求的汽车。从这个意义上来说，配备先进的动力和智能化技术的汽车将会赢得更多消费者的青睐。"尼尔森中国区业务发展副总裁于海霞女士表示。

中国女性消费者购车意愿与日俱增

中国汽车工业协会与尼尔森联合发布的"白皮书"调查显示，在过去四年间，中国女性消费者的购车意愿大幅上升，增幅已超过男性。与男性消费者寻求动力性能出色、配置完备和操控性好的汽车不同，女性消费者的理想车型更为重视安全、舒适和时尚。女性的购车动机更多出于对个人休闲和家庭生活的考虑。

"白皮书"还显示，女性汽车消费者对于两厢轿车的偏好明显高于三厢轿车，42%的女性消费者偏好两厢轿车（男性消费者为34%），而偏好三厢轿车的女性消费者仅占36%（男性消费者为43%）。与男性消费者相比，女性消费者更关注产品质量、价格、舒适性和售后服务等因素。在电子配置方面，女性消费者会优先考虑预防及保护性安全系统、驻车辅助系统、双离合自动变速器技术和车载多媒体系统等。

同时，相比男性消费者，女性消费者对一系列售后增值服务显示出较高的关注度。其中，对延长保修期的关注度高居榜首，为75%；厂商回购二手车，为60%；对颜色的个性化定制，为51%。

年轻消费者崛起成为新兴生力军

中国汽车工业协会与尼尔森联合发布的"白皮书"显示，目前已有超过半数的中国车主生于20世纪70年代（以下简称"上一代消费者"）及以后，而这一比例将持续增长。调查显示，有32%的70后消费者和34%的80后、90后消费者（以下简称"新一代消费者"）表示，他们在未来一年内有购车计划。

"白皮书"同时指出，50后至70后的中老年消费者往往把汽车作为"身份和社会地位的象征"，而新一代消费者更喜欢将汽车视为"个人空间"和"社交工具"。因此，与中老年消费者相比，年轻消费者的购车偏好有着显著的不同。

"中老年消费者在购车时，会优先考虑汽车的性能和实用性；而年轻消费者则与他们的父辈不同，他们更注重个性的彰显。"于海霞女士指出。

对于价格而言，近1/3的年轻消费者把目标价位定在8万~12万元。就车身形式而言，

40%的年轻消费者对两厢轿车最为青睐，三厢轿车为39%，而SUV仅为12%。

"白皮书"显示，舒适度、操控性及品牌知名度是中老年消费者最为关注的因素，而新一代消费者则更为关心个性化的外观造型和实用性。除了对价格的考虑外，安全系统、节油环保和售后服务质量也是新一代消费者购车时关注的因素。因此在电子配置方面，他们对保护及预防性安全系统、节能动力技术和车载智能多媒体、驻车辅助等有着特别的偏好。

"厂商应充分重视价位在8万～18万元的两厢和三厢轿车的产品开发，着重提升产品的安全性、舒适性和娱乐性，优先配置更为先进的保护性安全系统、节油动力技术和车载多媒体等电子配置组合，并融合个性化的设计，以此来吸引越来越多富有热情的年轻消费者。"于海霞女士指出。

通过不同的媒体策略对多样的消费人群实行精准营销

汽车经销商应通过多样化的汽车信息渠道，更好地组合新媒体及线下渠道的媒体投放成本，从而结合消费者的不同偏好，实现精准营销。

70%的女性消费者表示，4S店是她们最重要的购车信息渠道，紧随其后的是车展（66%），家人及朋友的推荐（58%），以及汽车专业杂志（47%）。此外，汽车贴吧（45%）和网上论坛（45%），汽车制造商的官方网站（43%），以及各大门户网站（41%）同样是重要的信息获取渠道。

此外，与男性消费者（17%）相比，女性消费者（22%）更乐于通过微博等社交媒体获取汽车相关的信息。"社交媒体平台将成为提升女性消费者对品牌的情感依赖、加强品牌黏度的有效工具。"于海霞女士表示。

对于伴随互联网和计算机一同成长的年轻消费者而言，他们更为开放，更愿意通过多样化的在线渠道获取汽车产品的信息。"白皮书"显示，在众多在线信息渠道中，汽车贴吧和论坛（72%），厂商的官方微博（63%），微信（57%）名列前茅。此外，名人博客、在线视频共享网站和名人微电影也是年轻消费者获得资讯的重要途径。"鉴于此，厂商应充分利用新媒体平台，集中展示最新的产品信息及推广活动，从而实现厂商与目标消费者之间实时的、点对点的互动。"于海霞女士补充道。

项目六

汽车营销环境与消费者心理

了解政治环境、经济环境对汽车消费者心理的影响；了解文化环境、科技环境对汽车消费者心理的影响。

能正确分析当下的政治环境、经济环境、文化环境、科技环境等对汽车消费者心理的具体影响。

中日钓鱼岛问题对汽车销售的影响

中日关系在 2012 年因为钓鱼岛事件而降到了冰点。钓鱼岛历来都是中日关系之间的敏感话题，日本石原慎太郎和日本政府意欲将钓鱼岛"国有化"的行为深深激怒了中国人民和中国政府。8 月的保钓事件则将事件推向高潮。随后中国多地爆发了反日游行"抵制日货"的示威活动。

这次事件对日系车的销量有一定影响，数据显示 8 月开始日系车销量明显放缓，增长量只有 4.5%，而德系、美系、韩系和法系车分别增长 12.7%、14.7%、15.9% 和 11.7%；与往年同期比较，8 月日系车销量下降 2%，德系、美系、韩系和法系车分别增长了 25.3%、21.2%、12.8% 和 4.1%。

请思考：政治局势会如何影响汽车消费？

汽车消费心理学

任务一　政治环境与汽车消费者心理

一、政治环境

（一）政治

政治是上层建筑领域中各种权利主体维护自身利益的特定行为以及由此结成的特定关系，是人类历史发展到一定时期产生的一种重要的社会现象。一般来说，这个词多用来指政府、政党等治理国家的行为。

政治的特征：

① 政治是上层建筑。

② 政治与利益密切相关。政治作为一种社会现象，总是直接或间接地同国家相联系。政治发展的基本动力是权力的追求和达成心理满足，因此它总是与各种群体主体的利益密切相关。

③ 政治是经济的集中表现。政治的发展最终取决于经济生活的状况，取决于社会生产力的性质和发展水平。

④ 政治影响经济。政治可以极大程度地影响经济的发展，并在一定条件下决定生产力和生产关系之间的矛盾。

（二）政治环境

政治环境是政治体系存在和从事政治活动、进行政治决策的背景条件的总和，即一个国家或地区在一定时期内的政治大背景。

国内政治环境包括：政治制度、政党和政党制度、政治性团体、党和国家的方针政策、政治气氛。

国际政治环境包括：国际政治局势、国际关系。

读一读

> 西方语言中的"政治"一词（法语politique、德语Politik、英语politics），都来自希腊语"πολι"，这个词可以考证出的最早文字记载是在《荷马史诗》中，最初的含义是"城堡或卫城"。古希腊的雅典人将修建在山顶的卫城称为"阿克罗波里"，简称"波里"，城邦制形成后，"波里"就成为具有政治意义的城邦的代名词，后同土地、人民及其政治生活结合在一起而被赋予"邦"或"国"的意义。后又衍生出政治、政治制度、政治家等词。因此，"政治"一词一开始就是指城邦中的城邦公民参与统治、管理、斗争等各种公共生活行为的总和。
>
> 中国先秦诸子也使用过"政治"一词。《尚书·毕命》有"道洽政治，泽润生民"；《周礼·地官·遂人》有"掌其政治禁令"。但在更多的情况下是将"政"与"治"分开使用。"政"主要指国家的权力、制度、秩序和法令；"治"则主要指管理人民和教化人民，也指实现安定的状态等。

二、政治环境对汽车消费者的心理影响

（一）国家政治路线对汽车消费的影响

1. 扩大内需刺激汽车消费

扩大内需主要是通过扩大国内投资和刺激国内消费来带动国民经济增长。自1998年十五届二中全会首次明确提出"扩大内需"，到"十二五"规划中强调"坚持扩大内需战略，保持经济平稳较快发展"，扩大内需战略逐年实施，居民收入稳步提高、社会保障覆盖面扩大，进一步释放了城乡居民的消费潜力，随着消费观念转变，汽车消费成了城乡居民的刚性消费，截止到2016年我国乘用车保有量达1.26亿辆。

2. 公路等基础设施建设拉动汽车消费

国家公路网的建设和发展为汽车行业的发展奠定了基础和条件。

"十三五"期间我国将围绕强化综合枢纽衔接，推进城际交通建设，新建、改建高速公路通车里程约3万公里。"十三五"期间是高速公路加快成网的关键时期，仅需要扩容改造的高速公路就有6400公里。2016年是"十三五"规划的开局之年，完成公路投资1.65万亿元。据交通运输部数据显示，截至2016年底，新改建农村公路29.3万公里，完成全年20万公里任务目标的146.5%。国家统计局也发布了抢眼的数据——2016年农村居民每百户家用汽车拥有量为17.4辆，同比增长高达31.3%。

3. 国家战略规划为汽车行业发展注入动力

"十一五"规划中将自主创新作为国家战略，国家积极鼓励自主品牌的自主创新和发展，比如，吉利收购沃尔沃政府的资金支持力量不可忽视；在十一届全国人大常委会第十二次会议上拟定的新公务用车配备标准规定，各级政府和公共机关配备、更新公务用车，自主品牌汽车所占比例不得低于50%。

"十二五"规划中汽车产业战略地位更加突出，明确要求新能源汽车产业要着力突破动力电池、驱动电动机和电子控制领域的关键核心技术，推进插电式混合动力汽车、纯电动汽车推广应用和产业化。

"十三五"新兴产业规划提出，在新能源汽车领域，将从六个方面重点发力，一是实现新能源汽车规模应用；二是全面提升电动汽车整车品质与性能；三是建设具有全球竞争力的动力电池产业链；四是完善动力电池研发体系，加快动力电池创新中心建设，突破高安全性、长寿命、高能量密度锂离子电池等技术瓶颈；五是系统推进燃料电池汽车研发与产业化；六是加速构建规范便捷的基础设施体系。

> **读一读**
>
> 2018年1月10日，全国乘联会发布厂家数据，2017年12月新能源乘用车销量达到98366台，相比11月增长1.8万台，环比增长24.4%。在补贴目录稳定推出、双积分政策出台，以及分时租赁市场扩大等因素下，各家车企加大新能源车产品投入，2017年全年新能源乘用车共销售56万台。

> 车企方面，12月北汽新能源以18479台蝉联单月销量冠军，比亚迪（002594）和奇瑞分别以17052台和10214台位列亚、季军。累积2017年全年销量数据，比亚迪（002594）以113669台位列第一，第二、三名分别是销售104520台的北汽新能源和44236台的上汽乘用车。插电式乘用车领域，比亚迪（002594）宋DM以4634台夺魁。

（二）财政和货币政策对汽车消费的影响

财政政策包括税收政策、支出政策、投资政策、财政信用政策、补贴政策、固定资产折旧政策、国有资产政策和国家预算政策等。积极的财政政策即增加财政支出，增加货币供应量，扩大社会购买力，有利于增加消费，对整个社会消费产生积极影响，而消极的财政政策会抑制社会的总需求增长。

广义的货币政策是指政府、中央银行和其他有关部门所有有关货币方面的规定和采取的影响金融变量的一切措施，包括金融体制改革等。狭义的货币政策是指中央银行为实现其特定的经济目标而采用的各种控制和调节货币供应量或信用量的方针和措施的总称，包括信贷政策、利率政策和外汇政策。扩张性的货币政策是通过提高货币供应增长速度来刺激总需求，进而刺激消费。紧缩性的货币政策是通过削减货币供应的增长率来降低总需求，进而抑制消费。

（三）国家相关政策法规对汽车消费的影响

1. 汽车行业政策营销汽车消费

（1）"汽车下乡"政策　2009年2月发布实施的《汽车产业调整和振兴规划》中提出"汽车下乡"举措，2010年1月国务院第91次常务会议决定汽车下乡政策延长一年，受政策影响，微、轻型车的生产与销售增长明显。

（2）"以旧换新"政策　2009年7月10日部委联合印发《汽车以旧换新实施办法》，对符合条件的汽车交售给依法设立的指定汽车回收拆解企业，并换购新车的，视情况由国家财政部门给予3000～6000元的补贴。据统计，2010年全国共办理汽车以旧换新车辆45.9万辆，发放补贴奖金64.1亿元，拉动新车消费496亿元。

（3）购置税减半政策　为了倡导节能减排、拉动汽车消费，2015年10月1日—2016年12月31日，国家将小排量乘用车购置税由10%下调至5%。随后在2017年，小排量车购置税回升至7.5%，到2018年，购置税优惠取消。2016年下半年，受购置税"减半"进入倒计时的影响，小排量车型销售迎来高峰期。据数据显示，2016年前11个月，小排量乘用车销量达到187.6万辆，同比增长20.5%，占整体乘用车销量的70%。在小排量车型的发力下，2016年全年乘用车销量同比增长14.9%，远超年初预期。

2. 其他政策影响汽车消费

二胎政策放开后，人口增加将直接刺激汽车消费。短期来说，影响体现在两方面。一方面，由于家里多了个孩子，很多家庭会面临用车需求的改变，对于预算充裕的消费者而言，需要家庭购入第二辆车才能满足使用。另一方面，二胎政策放开之后，普通5座轿车已经难以满足新家庭结构的用车需求，越来越多的消费者会考虑购买SUV和MPV车型。

项目六 汽车营销环境与消费者心理

读一读

北京市自 2011 年起全面施行"限购令"。其条例内容可大致概括如下：

（1）2011 年度小客车总量额度指标为 24 万个（月均 2 万个），个人占 88%。每月 26 日实行无偿摇号方式分配车辆指标。

（2）非户籍居民北京购车需连续 5 年以上缴纳北京社保和个税的证明；港澳台居民、华侨及外籍人员只需 1 年居住证明。

（3）将研究制订重点拥堵路段或区域交通拥堵收费方案，择机实施。

（4）更新指标无须摇号，直接申请更新指标。

自"限购令"实施以后，北京的汽车市场和总汽车保有量的数据发生了明显变化。2011 年全年北京二手车销量为 40.1 万辆，同比下降 22.2%，其中，有 8 万余辆还是来自 2010 年底的备案车。

讨论：谈一谈北京市"限购令"对消费者心理有什么影响。

（四）政治局势和国际关系对汽车消费的影响

政治局势指消费活动所处的国家或地区的政治稳定状况。政局稳定，是良好的消费环境；政局不稳，社会矛盾尖锐，秩序混乱，会对消费者心理产生消极影响，进而影响经济发展和人们的购买力。

国际关系即国家之间的政治、经济、文化、军事等关系。国家间的关系必然会影响企业的营销活动，也必然会影响到消费者的切身利益。

小结： 政治环境中宏观政治路线、微观的政策法规、国内政治局势及国际关系都会影响消费者购买汽车时的心理。消费者会分析当下的政治环境对自己购车是否产生影响再决定，乘用车年销量和年保有量都可能反映当年的政治环境对汽车消费的影响。

汽车消费心理学

课堂思考

"汽车贷款政策""汽车三包政策""双积分政策""限购令政策""新能源汽车补贴政策"。
请查阅相关资料并思考完成：
1. 简述以上政策法规颁布时间及具体内容。
2. 对消费者心理有什么影响？
3. 对汽车消费的影响是什么？
要求：分小组完成，并进行汇报。

任务二　经济环境与汽车消费者心理

一、经济环境

经济环境是指构成企业生存和发展的社会经济状况和国家经济政策，是影响消费者购买能力和支出模式的因素。它包括收入变化、消费者支出模式的变化。

二、经济环境对汽车消费者的心理影响

（一）宏观经济环境

1. 经济发展水平

在影响消费者心理活动的一系列因素中，社会经济发展水平是最基本的因素，它从总体上制约着消费者心理活动的具体范围。中国经济稳定高速地增长带动了汽车乘用车市场的快速增长（如图6-1所示）。

（数据来源：中国产业信息网 2017.5.12）
(a)

图 6-1

项目六 汽车营销环境与消费者心理

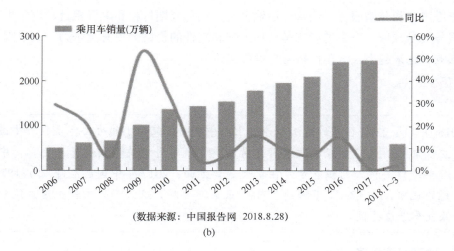

(数据来源：中国报告网 2018.8.28)

(b)

图 6-1　中国经济的高速增长与汽车乘用车市场的高速增长

读一读

国内生产总值（Gross Domestic Product，GDP）是指在一定时期内（一个季度或一年），一个国家或地区的经济中所生产出的全部最终产品和劳务的价值，常被公认为衡量国家经济状况的最佳指标。

2. 收入水平

收入水平是构成市场的重要因素，市场规模的大小，最终取决于消费者购买力的大小，消费者购买力取决于他们收入的多少（如图6-2所示）。

(数据来源：新华社图表，北京，2018年2月28日)

图 6-2　2013—2017 年全国居民人均可支配收入及其增长速度

3. 贸易关税

2005年1月1日起，中国取消全部进口许可证和配额；2006年7月1日起，汽车整车平均进口关税降至25%，零部件关税平均降至10%；容许外资进入汽车与零部件的国内销售、汽车进出口和分销服务、经营性运输公司、汽车分期付款和融资租赁、汽车生产性融资等汽车服务贸易领域。产生的影响是进口汽车和配件的价格会更有竞争力，关税因素对汽车市场的影响将越来越小，汽车价格将与世界接轨。

读一读

> 2018年1月23日召开的达沃斯论坛上，中央财经领导小组办公室主任、中国国家发改委副主任刘鹤解读中国经济政策时，特别举了汽车进口关税的例子，他称，中国将有序降低汽车进口关税。刘鹤表示，在扩大进口方面，2017年中国已经降低了187种产品进口关税的税率，从17.3%下降到7.7%。未来还要加大这方面的工作力度，比如说将有序地降低汽车进口关税。

（二）微观经济环境

1. 汽车价格

汽车作为一种商品，依然遵循价值规律（价格围绕价值上下波动、价格受供求关系影响等）。在一项调查中显示，已购车和将购车的被调查者普遍认为，影响购车的第一要素还是价格。

汽车价格对消费者的影响：销售竞相降价时，消费者成看客，持币待购；车型紧俏时，销售加价，消费者排队购买。

2. 用车成本

用车成本主要包括停车费、保险、保养、修理、油费等一系列伴随汽车使用的消费。下面以奥迪A1 2016款 30 TFSI Sportback S Line 运动版车型（官方指定价为23.48万元）为例，了解用车成本。

根据养车费用 = 车船使用税 + 日常维护费 + 过路过桥和停车费 + 上牌费 + 保险 + 常规保养费用 + 油费，奥迪A1 2016款 30 TFSI Sportback S Line 运动版两年4万公里各项养车支出明细如表6-1所示。

表6-1 支出明细　　　　　　　　　　　　　　　　　　　　单位：元

支出	金额/元
车船税	840
日常养车	1800
路桥及停车费	7200
验车上牌	373
车险	18076
定期保养	7278
油费	14157.6
小计（24个月）	49724.6
平均每月花费	2071.9

3. 信贷成本

当今汽车市场消费主力群体呈现年轻化的趋势，提前消费理念被广泛接受。《2017 中国汽车消费趋势调查报告》中指出，信贷购车比例近几年呈持续平稳上升趋势。调查数据显示，现有购车信贷率为 35.1%，80 后、90 后是主要信贷购车消费人群，占比均在四成以上，潜在用户信贷意愿率更是高达 59.7%。信贷成本的高与低会直接影响部分消费者的购车意愿。

4. 消费者经济收入

消费者经济收入直接决定了其购买力，个体的经济收入水平越高，通常其买车的可能性和对汽车的要求就越高。

课堂思考

请同学们查阅信息并回答以下思考题：
1. 汽车信贷的方式有哪些？
2. 什么是汽车金融？什么是汽车金融公司？
3. 我国汽车金融发展现状及前景如何？

任务三　文化环境与汽车消费者心理

一、文化环境

（一）文化和文化环境的含义

1. 文化的含义和特征

文化就是人化，是人类通过思考所创造的一切。具体来讲，文化是人类存续发展中对外在物质世界和自身精神世界的不断作用及其引起的变化。

文化是在人类进化过程中衍生出来或创造出来的，是后天习得的，是共有的，是连续不断的过程，是具有特定民族性和阶级性的。

2. 文化环境的含义

文化环境是指社会结构、社会风俗和习惯、信仰和价值观念、行为规范、生活方式、文化传统、人口规模与地理分布等因素形成和变动的一种环境。它影响和制约着人们的消费观念、需求欲望及特点、购买行为和生活方式。

（二）文化环境分析

任何企业都处于一定的社会文化环境中，企业营销活动必然受到所在社会文化环境的影响和制约。因此，企业应了解和分析社会文化环境，针对不同的文化环境制订不同的营销策略，组织不同的营销活动。

1. 教育状况分析

受教育程度的高低，直接影响到消费者对商品功能、款式、服务、包装等选择的差异。通常文化教育水平高的国家或地区的消费者要求商品包装典雅华贵，对附加功能也有一定的要求。因此，企业营销开展的市场开发、产品定价和促销等活动都要考虑到消费者所受教育程度的高低，从而采取不同的策略。

2. 宗教信仰分析

宗教是构成社会文化的重要因素，宗教对人们消费需求和购买行为的影响很大。不同宗教有自己独特的对节日利益、商品使用的要求和禁忌。某些宗教组织甚至在教徒购买决策中有决定性的影响。为此，企业可以把影响大的宗教组织作为自己重要的公共关系对象，在营销活动中也要注意到不同的宗教信仰，以避免由于矛盾和冲突给企业营销活动带来的损失。

3. 价值观念分析

价值观念是指人们对社会生活中的各种事物的态度和看法。不同文化背景下，人们的价值观念往往有着很大的差异，消费者对商品的色彩、标识、式样以及促销方式都有自己褒贬不同的意见和态度。企业营销必须根据消费者不同的价值观念设计产品、提供服务。

4. 消费习俗分析

消费习俗是指人们在长期经济与社会活动中所形成的一种消费方式与习惯。不同的消费习俗，又有不同的商品要求。研究消费习俗，不但有利于组织好消费用品的生产与销售，而且有利于正确、主动地引导健康的消费。了解目标市场消费者的禁忌、习惯、避讳等是企业进行市场营销的重要前提。

二、文化环境对汽车消费者的心理影响

在影响消费者心理与行为的各种环境因素中，文化环境占有极为重要的地位。每个消费者都是在一定的文化环境中成长，并在一定的文化环境中生活的，其价值观、生活方式、消费心理、购买行为等必然受到文化环境的深刻影响。

（一）地域文化对汽车消费的影响

个人文化观是指个人所处的文化要求个人的行为必须遵循的规范性信念。它反映的是地域文化的差异，能较好地体现地域文化的差异性。不同区域的个人文化观差异很大。

> 美国人买车：星期六早晨走进汽车销售公司，一边吃着他们免费提供的汉堡，一边听销售员殷勤唠叨，不一会儿，交钱、拿车钥匙、开车走人，这是美国人的典型购车方式，就像吃麦当劳那样随意。
>
> 欧洲人买车：欧洲人更像从经典油画中走出来的贵族。当欧洲人有了买车的想法后，他们会漫步到经销商那里订购，订购的车将在数个星期之后被送到，整个过程就像坐在酒吧里品尝雪茄般慢条斯理，有些许的诗意和悠闲。

项目六 汽车营销环境与消费者心理

（二）受教育程度对汽车消费的影响

受教育程度是文化环境因素之一。汽车消费者因受教育的程度不同，其购车的观点、看法也不尽相同。中国市场以80后、90后年轻人为主导的消费人群结构已经形成，新一代消费群体接受教育程度明显高于父辈，具备海外留学经历的群体数量也在快速增长，消费理念是开放、尝鲜，更加关注自身消费需求的实现。数据显示，90后群体往往非常关注颜值，包括外观颜色、外观造型设计、内饰颜色等，他们对座椅材质、交互配置、车载智能多媒体都有较高需求。

（三）"圈子文化"对汽车消费者的影响

每个汽车消费者并非独立的个体，往往会是某一个或某几个群体里的一员。而这些群体就是依赖于职业、兴趣、性格、价值观等构建成的"圈子"，"圈子文化"对每一位成员的影响都是潜移默化的。例如，某单位有人要买车，他会咨询已购车同事，关于车的品牌、配置、颜色、性能等的选择都会受单位同事的意见或建议的影响。

（四）传统文化对汽车消费者的影响

在中国的传统文化中不论儒家还是道家，就消费观而言都不同程度地倡导去奢从俭的理念。因此，随着家庭拥有汽车比例的升高，国人的汽车消费更是贴近自身经济能力，追求实用。

读一读

> 上汽大众在中大型SUV和中大型轿车各自推出一款新车，以昂字为结尾，SUV叫途昂，轿车则叫辉昂。经过近一年的市场打拼，两者在市场的地位大相径庭，途昂依然延续着加价销售的策略，而辉昂不得不降价销售（十个点以上）。许多人说市场说明了一切，那就意味着途昂比辉昂车好，但是从车本身来说，恰恰相反，辉昂的机械水平要大大高于途昂。大众辉昂使用的是奥迪A6的车身平台，对标是奥迪A6。
>
> 途昂式成功和宝骏560的成功如出一辙，尽管两者价位相差好几倍，但是从本质来说它们是一类车，靠着大空间、大尺寸、唬人的外表以及相对低廉的价格来吸引消费者，牺牲的则是行驶质感，但这并不重要，重要的是它们大而便宜！

任务四 科技环境与汽车消费者心理

一、科技环境

（一）科学技术的概念

科技是科学技术的简称。科学是人类在长期认识和改造世界的历史过程中所积累起来的认识世界事物的知识体系，技术是指人类根据生产实践经验和应用科学原理而发展成的各种

汽车消费心理学

工艺操作方法和技能，以及物化的各种生产手段和物质装备。

（二）科学技术的社会运用

1. 科技是经济发展的原动力

科学技术一旦转化为生产力将极大地提高生产效率，从而推动经济快速发展。

2. 科技是军事上的战斗力

当今世界，和平与发展是时代的主题。但"冷战"思维依然存在，霸权主义和强权政治仍然是威胁世界和平与稳定的主要根源。科技强国已经成为现代国家的共同选择。

3. 科技是政治上的影响力

现代科技水平已成为国际政治斗争中的一个筹码和大国地位的象征。

4. 科技是社会进步的推动力

科学技术所开拓的生产力创造了高度发达的物质文明。

（三）科技环境的概念

科技环境是科学技术环境的简称，是科学技术的进步以及新技术手段的应用对社会进步所产生的作用。

二、科技环境对汽车消费者的心理影响

（一）汽车技术更新快，消费市场仍遇冷

用"与日俱增""日新月异"来形容汽车新技术再恰当不过，汽车新技术更新之快已远远超出人们的想象，然而多数消费者对汽车新技术仍停留在"眼动""心动"，购买者还较少，原因有二：一是成本。买车成本高，新技术的研发成本都会算入汽车的总成本中，使汽车价格普遍过高；用车成本高，比如混合动力汽车的电池更换成本。二是推广周期长。新技术的推广周期取决于它的价格、稳定性和宣传等，推广时间过长就会让消费者对新技术接受时间变长。

新技术的发展需要利好政策的推动。新能源汽车的补贴政策和车企的双积分政策都加快了新能源汽车市场的快速发展。截至2018年我国新能源汽车产销量分别完成了127万辆和125.6万辆，同比分别增长了59.9%和61.7%。其中纯电动汽车产销分别完成98.6万辆和98.4万辆，同比分别增长47.9%和50.8%。插电式混合动力汽车产销分别完成28.3万辆和27.1万辆，同比分别增长122%和118%。

（二）互联网环境对汽车消费者的心理影响

互联网已经改变了人们的消费习惯。消费市场越来越多的是面对"网络一代"，整个购车和养车的过程中，"网络一代"消费者利用互联网收集和分享信息，因而社交媒体上的正面评价更可能促使他们购买。年轻人和成长中的消费者对"互联汽车"（connected car）的兴趣高涨，如今的购车者大多希望与原始设备制造商（OEM：original equipment manufacturer）和经销商接触、互动。

2015年尼尔森数据显示，有92%的客户在购买汽车时，都希望通过互联网来了解产品及相关信息。2017年尼尔森数据显示，打算买车的用户，他们将来可能选择电商平台的比例要比现在的用户高，暗示着电商平台在买车渠道方面的作用将逐步提升。《2017中国汽车消费趋势调查报告》发现，一线城市电商平台，因为4S店布局非常广泛、非常充分，电商

平台的销售比例反而更低，但在二线城市和三线城市，电商平台的比例反而会高一些。

■ 巩固与实训

◆ 知识巩固

1. 什么是政治环境？举例说明政治环境对汽车消费者心理与行为的影响。
2. 什么是经济环境？举例说明经济环境对汽车消费者心理与行为的影响。
3. 什么是文化环境？举例说明文化环境对汽车消费者心理与行为的影响。
4. 什么是科技环境？举例说明科技环境对汽车消费者心理与行为的影响。

◆ 拓展实训

一、实训目标

1. 能正确判断并分析当下社会环境（政治、经济、文化、科技）对汽车消费者心理的影响。
2. 善于观察及分析汽车消费者的心理，能更好地营销。

二、实训内容

1. 以本校教师为调研对象，教师指定或抽签决定各小组调研的院系。
2. 各小组综合四种环境因素进行调研，分析环境因素对汽车消费者心理的影响程度，并进行思考总结。

三、实训组织

1. 以学生小组为单位，4～5人组成一个小组完成此次调查。
2. 调查完成后，以小组为单位撰写调查报告，在班级内进行交流展示。

（强调：明确人员分工）

知识链接

"汽车网络营销"

目前，应用电子商务进行营销的重要性正被越来越多的汽车厂商和经销商所认识，各厂家和商家都在汽车营销领域不同程度地开展电子商务的应用。

一、汽车网络营销的优势

1. 以消费者为中心

在汽车市场上，网络技术为汽车企业进行市场调研提供了一个全新的通道，汽车企业可以借助网络平台更方便、更迅速地了解全国乃至全球的消费者对本企业产品的看法与要求。网络营销便于与客户进行充分的交流，足不出户就可以方便快捷地讨论客户的个性化需求，从而完成网上定制和订货，满足汽车消费者的个性需要。与此同时，网络技术还可以为汽车企业建立其客户档案，方便做好客户关系管理，给予消费者参与和选择的自由，强化了消费者的核心地位。

2. 实现了与顾客的沟通

汽车消费属于大件消费，网络营销至少能够充分发挥企业与客户相互交流的优势，为客户提供个性化的服务，使客户真正得到其希望的使用价值及额外的消费价值。网络营销以企

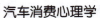

业和顾客之间的深度沟通以及使企业获得顾客的深度认同为目标，全力满足客户显性和隐性的需求，是一种新型的、互动的、更加人性化的营销模式，能迅速拉近企业和消费者的情感距离。

3. 便利用户的购买

相比于其他营销方式，网络营销由于生产集中度和厂家知名度相对较高，产品的同质度也较高，企业比较注重市场声誉，服务体系更为完备，同时对企业营销的相关监督措施较为得力，在市场发育较为成熟后就特别适用。

4. 降低成本，提高效率，效果易于衡量

汽车网络营销采用网上采购、网上设计、网上销售的方式，有效地降低了包括采购费、场地租赁费、媒体广告费、推销人工费等在内的营销成本。由于网络信息传播与制作的快捷性特点，从材料的提交到发布只需要很短的时间就能把信息发布出去，提高了营销效率。与传统营销不同，在网络营销中，只要在相关程序中插入流量统计和探测流量来源的代码，浏览量、点击率等数据就可以即时获得。

二、汽车网络营销的劣势

1. 网络内容简单和硬件设施的制约

我国网络营销处于初步发展阶段，基础设施、技术软件、网络安全保护措施还存在诸多问题，且缺乏高水平的网络营销人员。由于大多数汽车企业服务内容比较单调，仅是将网站当成传统平面媒体运用，缺乏与来访者的互动交流，忽略了网络媒体的特性和优势，使项目失去了与潜在客户沟通的机会，从网站获得的信息量不足以推动网站访问者做出购买决策。

2. 虚拟和现实存在矛盾，消费者对网络营销缺乏足够信任

网络虽然可以全方位地展示汽车的外形及结构，但它无法让消费者亲身体验。由于汽车价值高，差异性较大，现场感受对消费者来说是很重要的，所以网上交易还存在一定的困难。

3. 汽车企业对网络营销的认识投入不足

汽车项目在开展网上营销活动时，应明确企业建立网站的目标并做出完整的计划，包括计划目的、市场调研、所需的资源和资金分配、预期效果等。由于网络营销是建立在日新月异的网络技术之上的，网络技术发展要求企业经常更新和维护网站，这会增加企业在网络上的投资，若公司不愿意追加投资或投资金额过少，会导致营销效果较差。

项目七

汽车营销策略与消费者心理

 学习目标

理解品牌、性能、价格、广告等因素对汽车消费者心理的影响；掌握不同要素的汽车营销策略在汽车营销过程中对顾客产生的影响。

 能力目标

能正确分析出品牌、性能、价格、广告等因素对汽车消费者的心理产生的影响，进而判断可能的消费行为。

 案例引导

奥迪在中国畅销的原因

金融危机以来，雄霸全球汽车市场的大鳄们纷纷受挫，深陷业绩泥潭。但经过20多年植根于中国市场的精耕细作的一汽大众奥迪品牌犹如世界汽车市场中闪亮的"渔火"，令人振奋。奥迪凭借其在品牌、产品、服务等领域的综合竞争优势始终领跑国内高档汽车市场的事实充满了神秘色彩。

1. 奥迪的本土化情结

奥迪在中国更突出的是德国产品的内敛和稳重，如此的奥迪形象也恰到好处地融入了中国的传统文化。一汽大众之所以成为国内唯一成熟的高档车指导基地，共同的品质文化是其关键的一条。

2. 品牌定位准确与产品聚焦

奥迪中国的发展无疑验证了定位与聚焦的硬道理。"德国品质"是世界制造业至高标准的代名词，而"奥迪标准"早已成为高档汽车制造工艺和选材的业界标准。

3. 品牌纯净

不盲目收购，专注于产品升级和价值提升，跟随并创造市场需求。

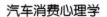

4. 卖产品更卖品牌

奥迪会卖产品，更会卖品牌、卖文化，将产品品质做到极致，以文化制胜才是奥迪品牌得以成功的另一主要原因。

5. 全数字化背后的以科技为本

奥迪长春"全数字化"工厂实现了设计和管理全数字化、生产100%柔性化、操作人性化、物流超高效化和节能环保高标准化，堪称奥迪公司在全球最理想的、最先进的工厂。

6. 更为可靠的数字化质保

奥迪公司在新总装车间设置多个质量控制节点，通过采集和分析车辆的质量情况，防止生产缺陷由一个阶段流入下一个阶段，充分保证了产品质量，维护了用户的利益。

思考：谈谈奥迪都运用了哪些汽车营销策略。

任务一　汽车品牌与消费者心理

一、汽车品牌

（一）品牌概念

"品牌"一词来源于古斯堪的那维亚语"brander"，意思是"燃烧"，指的是生产者燃烧印章烙印到产品上。

品牌：是构成产品整体的一个重要组成部分，它在现代市场营销中的作用越来越大。著名营销大师菲利普·科特勒讲："品牌是一种名称、术语、标记、符号或设计，或是它们的组合运用，其目的是辨认某个销售或者某群销售者的产品与服务，使之同竞争对手的产品和服务区分开来。"对消费者来讲，品牌是消费者对产品及产品系列的认知。

品牌名称：是品牌中可以用语言表达的部分。

品牌标志：是指品牌中可以被辨认出，但不能用语言表达的部分（包括符号、图案或明显的色彩或字体）。

（二）品牌的心理功能

1. 消费者根据品牌认知产品——认知心理

消费者一般是通过品牌来区分市场上流通的产品并认知产品，进而选择自己喜爱的品牌。借助品牌，使消费者对处在不断发展变化中的产品信息及其相关信息能够做到及时的、全面的、动态的了解。

2. 品牌可增强消费者购买信心——情感体验

品牌代表着质量，企业设计品牌、创立品牌、培养品牌的目的是希望此品牌能变为名牌，于是在产品质量和售后服务上下功夫，因而名牌就代表高质量和优质服务。消费者购买名牌产品可以感到放心，有满足感和荣耀感。

3. 品牌可体现消费者的价值——价值感受

品牌在人们心中代表了使用者的身份、地位和个性。更重要的是，品牌可以给消费者一种文化附加值，给社会传播一种观念。消费者购买和消费优质可靠的品牌产品，可使其感受到相应的身份、地位、荣誉和自信，从而获得某种满足与体验，提升消费者的效用。

4. 消费者通过品牌维护自己的权益——安全保障

消费者可以通过品牌来维护自己的权益，若产品与企业宣传不符或使用中出现问题，消费者都可依据品牌找到企业或反映给相关部门（消费者协会、工商部门等）来维权。

二、汽车品牌对消费者心理的影响

品牌本质上代表着企业向消费者长期提供的特定产品、利益和价值。只有当这些产品、利益和价值被消费者所感知、所偏爱时，品牌才能折射出耀眼的光芒，显现其强大的力量。品牌的核心是企业的产品或服务在消费者心中，经过长期沉淀形成的一种心理感觉。它由一连串故事、形象、联想、体验、产品、服务等元素构成。一个品牌就是一种承诺，通过相关的、差异化的、一致的服务创造顾客价值和企业价值。

1. 品牌名称对消费者心理的影响

品牌名称是企业赋予商品的文字称谓。好读好记、引人注目、有美感或符合消费者购买心理的名称，常常能刺激消费者的购买欲望；反之则会抑制。多数汽车品牌进入中国消费市场，常常要下功夫起个好名字以便在第一印象上获得好感。

2. 口碑好的一线品牌受消费者青睐

一线品牌车型相对成熟，一方面，车辆性能优越、销售队伍成熟、售后服务完备，消费者很信赖这些品牌；另一方面，一线品牌相对保值，市场成熟度高，从众心理也会驱使消费者优先考虑购买。比如，一汽奥迪、一汽大众、上海大众、东风丰田、东风本田等车型都受国内消费者的青睐。

3. 豪华品牌车系有忠诚消费者

豪华品牌因其性能、质量、外形都卓越不凡，且在其品牌文化中也处处彰显与众不同与高档，因此成功人士为了显示身份和地位，在消费时对经济方面考虑较少而更多关注的是体面与尊贵，故宝马、奔驰等品牌是首选。年轻一族追求汽车的动力性，需要汽车品牌文化彰显运动、年轻、时尚、速度，因此富足年轻一代就成为法拉利、兰博基尼等豪华跑车的忠实消费群体。

4. 自主品牌符合国人消费心理

中国自主品牌汽车工业真正、自由的发展，始于改革开放。而其后四十年的发展过程，又可归为仿制、技术、品牌的三个阶段。虽然过程比较艰辛，但自主品牌车企生产车型能满足国人当下的消费心理需求，即实惠、配置高、外观好、性价比高等，因而日益受到国人的重视，在国内汽车市场中的销量逐年递增。

1. 德系三大豪华品牌奔驰、宝马、奥迪的品牌理念分别是什么？
2. 三大豪华品牌的目标消费群体如何划分？

读一读

中国汽车品牌加速向世界高端市场迈进

一、十年砥砺奋进　中国品牌已有质的飞跃

中国品牌汽车经过长期学习和积累深耕,已经发展到了由量变到质变的关键节点,并在新一轮的产业变革中冲破藩篱、向上发展,涌现出了吉利、比亚迪、江淮等一批敢于挑战世界造车强国的中国汽车品牌。

过去几年,自主品牌表现突出,同比增长率高于行业平均增长率,市场份额有所提升。数据显示,2009年,我国汽车产量、销量分别占全球汽车产量、销量的22.33%、20.80%,一跃成为世界第一汽车产销大国;2010年至2017年,我国汽车产销量继续保持稳定增长,2017年全年累计生产汽车2901.54万辆,同比增长3.19%,销售汽车2887.89万辆,同比增长3.04%,产销量创历史新高,再次刷新全球纪录,并连续九年蝉联全球第一。

二、转型升级　构建中国品牌核心竞争力

工信部、发改委、科技部于2017年4月25日联合发布《汽车产业中长期发展规划》,在为中国汽车产业发展的大势定调、指引的同时,更是把做大、做强中国品牌,培育具有国际竞争力的企业集团作为核心要义。

2016年底,基于江淮iEV6S电动汽车平台研制的具有SAE3级水平的智能汽车Mr·JAC,目前已具备在真实交通道路及园区道路等复杂交通状况下自主行驶的能力。2017年12月2日,江淮汽车旗下安凯客车研发制造的自动驾驶公交车在深圳福田保税区的开放道路上投入运行,成为全球首款在公共道路运行的自动驾驶公交车。

在轻量化技术领域,2017年12月16日,江淮汽车与蔚来汽车联合打造的ES8车型正式上市。该车型在合肥江淮汽车世界级工厂进行量产。ES8的白色车身采用源于飞行器的全铝架构平台,重量仅为335公斤。除了车身外,ES8的底盘、悬挂、轮毂、刹车系统以及电池组外壳都是全铝材质,使得ES8的铝材使用率高达96.4%,拥有全球量产SUV中最高的铝材应用比例,为用户带来更敏捷的操控体验以及更低的能量损耗。

目前,混合动力车型是新能源汽车的主流,近年来混合动力车型得到了越来越多消费者的认可。在这股产业化的高潮中,国内汽车企业也在向国际接轨。从最初合资企业一汽丰田引进普锐斯混合动力轿车到如今包括一汽、上汽、东风、江淮的群雄逐鹿,混合动力汽车在我国已经进入科研转向产业化的重要时期。

从江淮iEV1到江淮iEV7,江淮汽车独创"迭代研发",构建起大数据分析研究平台,以平台内6万多台车为数据源,每日约产生1500万条数据,通过大数据的应用,逐代突破复杂的产业化技术。最新推出的纯电动SUV江淮iEV7S,集合高比能电池包液冷技术、五层次安全设计、防驾驶冲击电驱动技术、单踏板操作及能量回收系统等四大国际领先技术,整车安全达到国际ASIL-C级标准,最高续航里程可达350km。

截至目前,江淮汽车已累计推广新能源汽车近8万辆,系统掌握了电动汽车的电池

项目七　汽车营销策略与消费者心理

> 成组、电机、电控三大核心技术及能量回收、驱动与制动电耦合、远程监控、电磁兼容等关键技术，拥有国际先进水平的产品正向开发能力。
>
> 资料来源：2018年2月26日　经济参考报

任务二　汽车性能与消费者心理

一、汽车性能

汽车性能一般指的是汽车的产品性能。产品性能是指产品具有适合用户要求的物理、化学或技术性能，如强度、化学成分、纯度、功率、转速等。

通常用来评定汽车性能的主要指标包括动力性、燃油经济性、制动性、操控稳定性、平顺性、通过性以及使用性能等。

（一）动力性

汽车动力性通常是用汽车在良好路面上直线行驶时所能达到的平均行驶速度来表示。主要通过三个指标来判定：最高车速、汽车的加速时间、汽车的爬坡能力。

最高车速：汽车在平坦良好的路面上行驶时所能达到的最高速度。

汽车的加速时间：汽车原地起步加速时间以及超车加速时间，即加速性能。

汽车的爬坡能力：满载时汽车所能爬上的最大坡度。

（二）燃油经济性

汽车燃油经济性常用一定工况下汽车行驶百公里的燃油消耗量或一定燃油量能使汽车行驶的里程来衡量。

我国和欧洲都用行驶百公里消耗的燃油数（L）来表示，即L/100km，即汽车行驶100km所消耗的燃油升数，其数值越小，汽车燃油经济性就越好。

美国是用每加仑燃油能行驶的里程数来表示，即mil/gal（英里/加仑），其数值越大，汽车的经济性就越好。

燃油经济性与很多因素有关，如行驶速度，当汽车在中等车速行驶时燃油消耗量较低，高速时随车速增加而迅速增加。

（三）制动性

汽车制动性是指汽车行驶时能在短时间内停车且维持行驶方向的稳定性以及在下长坡时能维持一定车速的能力。其指标包括制动效能、制动效能的恒定性、制动时汽车的方向稳定性、汽车的制动过程。

制动效能：即汽车的制动距离，用汽车在良好路面上以一定初速度制动到停车的制动距离评判，制动距离越短，制动性能越好。

制动效能的恒定性：即制动器的抗衰退性能，指汽车高速行驶下长下坡连续制动时，制动器连续制动效能保持的程度。

制动时汽车的方向稳定性：汽车制动时不发生跑偏、侧滑及失去转向能力的性能。防抱死制动系统 ABS、车身电子稳定系统 ESP 等功能配置就提高了方向稳定性。

汽车的制动过程：制动机构的作用时间。

（四）操控稳定性

汽车操控稳定性是指司机在不感到紧张或疲劳的情况下，汽车能按照司机通过转向系统给定的方向行驶，而遇到外界干扰时，汽车所能抵抗干扰而保持稳定行驶的能力。汽车操控稳定性通常用汽车的稳定转向特性来评价。

（五）平顺性

汽车平顺性是保持汽车在行驶过程中，乘员所处的振动环境具有一定的舒适度的性能，这与汽车的底盘参数、车身几何参数，以及汽车的动力性、操控性等有密切关系。

（六）通过性

汽车通过性是指车辆通过一定路况的能力。通过能力强的汽车，可以轻松翻越坡度较大的坡道，可驶入一定深度的河流，也可以高速行驶在崎岖不平的山路上。

（七）使用性能

汽车使用性能指在一定使用条件下，汽车以最高效率工作的能力。它是决定汽车利用效率和方便性的结构特性表征。

二、汽车性能对消费者心理的影响

汽车性能是消费者购车考虑的核心因素，调查显示，近八成的消费者买车更注重汽车性能与配置，消费者会通过商家的宣传数据、网评数据和朋友推荐等方式了解。性能、口碑良好的车型大多会诱发消费者的兴趣与购买欲，且能使消费者成为其忠实客户，进而再次购买。

（一）工薪阶层消费者首选汽车使用经济性

多数普通工薪阶层消费者买车是为了上下班方便，周末郊游、平时应急都需要，开车频率高就要考虑汽车的经济性，具备基本的配置即可，但一定要省油，用车不能成为经济负担。

（二）玩车一族偏爱汽车的通过性

汽车是交通工具，扩大了人们的生活空间，也带给人们娱乐的感觉。玩车一族把车视为追求个性释放、张扬个性特征的工具。随着汽车使用的普及，有些人喜欢开车走遍祖国的山水，放飞自我，去寻找世外桃源，去别人没有去过的地方；有些人喜欢开车去难走的路、开过浅滩、开上戈壁，甚至玩越野竞赛。这些消费者更看重汽车的通过性、操控性。

（三）消费者普遍在意汽车的安全性和舒适性

汽车的主要功能就是载客和运货。作为一种交通工具，消费者购买汽车主要就是"代步"，不管是上下班、旅行等都是帮助人们进行空间的转移。因而消费者会很在意汽车的安全性，这是最基本的选择。除此之外，乘坐的舒适度也是人们对汽车的进一步要求，例如，雷诺汽车的广告语"让汽车成为一个小家"，让汽车也具备家的舒适性。

> **课堂思考**
>
> 结合日常生活与周围人的情况,谈谈本节讲到的汽车性能中哪些对消费者影响比较大。为什么?

任务三　汽车价格与消费者心理

一、汽车价格

(一)汽车价格构成要素

生产成本:是生产单位为生产产品或提供劳务而发生的各项生产费用,包括各项直接支出和制造费用。直接支出包括直接材料、直接工资、其他直接支出;制造费用是指企业内的分厂、车间为组织和管理生产所发生的各项费用,包括分厂、车间管理人员工资,折旧费,维修费,修理费及其他制造费用。

流通费用:包括包装费、运输费、装卸费、保险费、展览费、广告费、租赁费,以及企业为销售产品而专设的销售机构的职工工资及福利费、类似工资性质的费用、业务费用等。

企业利润:企业以盈利为目的,有利润才能发展、壮大企业。

应纳税金:企业生产经营过程要依法缴纳企业所得税、增值税等税费,企业会将此费用平摊到每辆汽车的价格里。

> **读一读**
>
> 汽车价格的具体构成:
> 1. 汽车出厂价格
> 汽车出厂价格=汽车生产成本+汽车生产企业的利税
> 2. 汽车批发价格
> 汽车批发价格=汽车出厂价格+汽车批发流通费用+汽车批发企业的利税

3. 汽车直售价格

汽车直售价格＝汽车批发价格＋汽车直售费用＋汽车直售企业的利税

（二）影响汽车价格的因素

供求关系：汽车价格依然遵循基本的价值规律。供大于求，价格下降；供小于求，价格上涨。

税收政策：税金无形之中提高了车价。

同行竞争：就目前中国国内生产汽车的厂家来说，相互都有竞争关系，厂家在定价之时也会比较同行的价格然后确定某款车型价格。竞争关系也影响车价高低。

季节因素：中国乘用车市场有淡旺季一说，淡季通常为6、7、8月，此时汽车价格一般都会下调；旺季一般为11、12和1月，此时车价都会上调。

汽车市场进入淡季　车价引发高台跳水

销售压力巨大的长安系成为2017年官方降价的启幕者。继长安福特翼虎、长安欧尚CX70宣布官方降价之后，长安汽车端午节旗下大部分车型开启官降。除2017年上市的CS95和凌轩之外，包括CS15、CS35、CS75、新逸动、新逸动XT、悦翔V3、悦翔V7、新奔奔、睿骋等车型均有不同程度的降价。其中，单一车型最高降幅达到了18000元。

2017年，上汽大众帕萨特在北京现车销售，购车部分车型最高可优惠5.2万元；北京现代名图最高可优惠2万元，起售价12.98万元；一汽丰田威驰FS最高优惠1万元；上汽通用别克君越现车销售，部分车型最高可优惠3.8万元；长安福特蒙迪欧现车销售，最高可优惠2万元；而一汽大众北京昌平的一家经销商，5周年店庆，打出了速腾现金直降5万元的巨大优惠。

据了解，6月、7月、8月三个月为传统的汽车销售淡季，往年这一时期汽车厂商都加大促销力度。而根据中国汽车流通协会发布的"中国汽车经销商库存预警指数调查"显示，5月经销商库存预警指数为51.8%，位于警戒线以上。

二、汽车价格对消费者心理的影响

（一）车价高使消费者产生观望心理

新车上市或乘用车传统旺季时，车价一般都处于高位，甚至部分车型还要加价购买，多数消费者对于较高价位的车型还是"望而却步"，持观望心态。例如，马自达M6在2003年价格大概是26万元，观望者居多，2010年卖16万元左右时，购车者就较多了。

（二）车价低使消费者产生待购心理

汽车产品在进入成熟期或衰退期（产品的生命周期包含导入期、成长期、成熟期和衰退期）或乘用车传统淡季时，经销商都会为促进销售而下调车价。车价下降会带来两种消费倾向：一类消费者会"买涨不买跌"，会再等等看，是否还有下调的可能；另一类消费者可能

项目七 汽车营销策略与消费者心理

会认为该款车型因改款或换代降低配置而降价,进而不愿意购买(车价下降幅度太大可能会使消费者产生这种心理)。

(三)车价适中使消费者产生从容心理

车市价格平稳,消费者才能产生从容心理,才会用心考虑购买。汽车的定价不仅要考虑车企本身,更要考虑消费者实际感知,物有所值的产品才能获得消费者钟爱。

读一读

> 1. 富贵型消费者
>
> 汽车消费已普及百姓家庭,但不是所有的汽车都仅是交通工具,部分车型是车主地位和身份的直接体现。影视明星、国际富豪等消费者大多会选择劳斯莱斯幻影、宾利、迈巴赫等,他们购买汽车要求定制版或限量版。还有消费者是企业老总、成功人士、高级白领等,他们主要购买宝马、奔驰、奥迪等一线国际品牌。价格对上述两类消费者来说不在考虑范围,重点在品质与品位。
>
> 2. 品质型消费者
>
> 公司职员、普通白领、私营企业主等消费者事业较为成功、无太大经济压力、生活无忧,他们购买汽车时会选择汽车价格稍高、品牌较好、服务质量优秀的车型。汽车价格也不是主要考虑因素,关键是车的品质要好、口碑要好。
>
> 3. 实用型消费者
>
> 工薪阶层、退休老人、自由职业者等消费者对汽车的价格较为敏感,一般会选择市场保有量大、品质有保障的车型作为交通工具。重实用、价格适中、低调沉稳是实用型消费者的消费理念。
>
> 4. 入门型消费者
>
> 刚创业的小业主、刚上班的消费者对价格敏感,常抱着"不求贵不求好但求有"的消费心态,通常选择10万元以下的车型。

任务四 汽车广告与消费者心理

一、汽车广告

(一)商业广告概述

1. 商业广告的含义

商业广告是指商品经营者有计划地通过一定的媒介(如报纸、杂志、电视、广播等),将商品信息传递给大众的宣传手段。其目的是唤起消费者对商品信息(如商品质量、功能、特色等)的注意,并引导消费者实施消费行为。

105

2. 商业广告分类

按照选用媒体的不同，商业广告可以划分为报纸广告、杂志广告、电视广告、网络广告、车体广告等。

报纸广告：即刊登在报纸上的广告。这类广告以文字和图案为主要表现方式，能够快速地传播和长期保存信息，但它不能理想地反映商品的外观形象与色彩。

杂志广告：即刊登在杂志上的广告。这类广告以文字、图案和色彩为主要表现方式，能良好地表现商品信息，有较好的纸质和印刷效果，且信息内容针对性较强，但其出版周期一般较长，不能及时传递广告信息。

电视广告：即在电视上播放的广告，这类广告能够综合地运用语言、文字、声音、图像等多种方式，具有优质的试听效果，感染力强，且信息传播速度快、范围广，但受时间的限制。

网络广告：即刊登或发布在互联网上的广告。这类广告通过广告条、文本链接、多媒体等多种形式来传播商品信息，传播范围广且不受时间限制，但会受到计算机、网络通信设施的限制。

车体广告：即在公交车车身上制作的广告。这类广告以图案、色彩和文字为表现方式，视觉感染力强，能够流动性地传播信息，但传播信息的范围相对固定。

（二）汽车广告的概念

汽车广告是汽车企业为了宣传自己产品的性能、质量，通过一定的媒体形式，公开而广泛地向消费者传递有关汽车信息的商业手段。

汽车广告的发源地在美国。1900年，美国第一家汽车厂——奥兹莫尔比汽车厂竣工，奥兹父子在工厂门口竖立了一块醒目的标志牌，上书"世界最大的汽车工厂"，来往行人无不驻足观看。

（三）汽车广告功能

1. 传递汽车文化

通过汽车广告语向消费大众传递汽车文化。最典型的是美国车系。汽车在美国有上百年的历史，美国人吃饭有汽车可以驶入的"汽车饭店"，看电影有汽车能停放的"汽车电影院"，旅游有汽车能栖息的"汽车旅馆"，等等。汽车已渗透于生活的每个角落。汽车文化传递给美国人的是：汽车不仅是交通工具，而且是你生活中离不开的部分。正如福特汽车的广告语："你的世界，从此无界。"

2. 传递品牌文化

"驾乘乐趣，创新极限"是宝马的广告语，"身为强者"和"志在掌握"分别是速腾和帕萨特的广告语，"活得精彩"是福特福克斯的广告语，"突破科技，启迪未来"是奥迪的广告语，"领导时代，驾驭未来"是奔驰的广告语。这些广告语都定位了企业的市场，同时传递给消费者品牌文化，更好地细分消费者市场。品牌文化精准传递后，就能形成忠实的消费群体。

3. 传递生活方式

帕萨特："修身、齐家、治业、行天下"，传递奋斗、自省的生活；宝来："咖啡时光，宝来快乐时光"，传递惬意、快乐的生活；吉利："七彩豪情，亮丽人生"，传递多彩、风趣

项目七　汽车营销策略与消费者心理

的生活；等等。汽车让人们的生活空间变大、变广，在为工作、生活提供交通便利的同时，也为人们的平淡生活增添了趣味、快乐、自在、舒畅等调剂品。

课堂思考

> 给你印象最深的一则汽车广告是什么？为什么这则广告触动了你的内心？
> 请同学们以小组为单位进行广告分享，并请组长记录组员的分享。

二、汽车广告对消费者心理的影响

（一）消费者通过汽车广告认同产品

多数消费者希望在汽车广告中更多看到关于汽车本身外观、内饰与性能的直接展示，说明消费者需要通过广告来更快捷、便利地了解产品本身的信息，继而选择符合内心需求的车型。因而任何一个汽车广告都要有明确的市场定位，从而吸引特定的消费群体。

目前的汽车广告主要以传播信息为主，潜移默化地帮助消费者了解、学习汽车产品知识，随着消费群体认知的提升，表现汽车品牌文化及其代表的独特生活方式是未来汽车广告创意发展的方向。

（二）消费者通过汽车广告评判产品

汽车广告是否优秀的评价标准，通常侧重其广告策略、品牌建设以及创意表现，但不能为博眼球，创意过头，不符合人们的需求。中国人在日常生活中对生老病死有忌讳，因而汽车广告中任何能联想到撞车的画面都会让消费者从感官上、情绪上感觉不舒服。对消费者来说，感官上引起不适的广告都不是好广告。

因此，企业在进行广告创意设计时，首先，必须定位清楚目标消费群体；其次，要分析他们的性别、年龄、职业、价值观和思维方式；最后，问一问是否尊重了目标消费群体的社会文化习俗。

（三）消费者通过汽车广告感知产品

广告能恰如其分地展示民族自信，使消费者共享民族自豪感消费者对汽车产品的感知就会加深；反之，则会损害产品品牌的美誉度。比如，在2003年《汽车之友》杂志第12期刊载的一则丰田广告就引起了消费者的愤慨，一辆丰田霸道地停在两只石狮子面前，其中一只石狮子抬起右爪做敬礼状，广告文案为"霸道，你不得不尊敬"。许多消费者认为石狮具有中华民族传统文化的象征意义，却让它向一辆日本品牌的汽车敬礼，伤害了广大中国人民的民族感情。

巩固与实训

◆ 知识巩固

1. 汽车品牌对消费者的影响有哪些？
2. 汽车性能如何影响消费者的购车心理？
3. 汽车价格对消费者购车有怎样的影响？
4. 汽车广告对消费者的心理影响是什么？

◆ **拓展实训：4S 店对消费者品牌心理的营销**

一、实训目标

1. 通过对企业品牌的了解，分析消费者定位。
2. 通过销售顾问了解消费心理学的运用。

二、实训内容

1. 以市内某 4S 店为调研对象，和店内销售顾问沟通。
2. 了解该品牌以何种营销策略来吸引客户。
3. 了解销售人员是如何把握消费者心理的。

三、实训组织

1. 以学生小组为单位，4～5 人组成一个小组完成此次调查。
2. 调查完成后，以小组为单位撰写调查报告并制作 PPT，在班级内进行交流展示。

（强调：明确人员分工）

知识链接

"4P"营销理论与"4C"营销理论

一、"4P"营销理论

"4P"理论产生于 20 世纪 60 年代的美国，是随着营销组合理论的提出而出现的。1953 年，尼尔·博登（Neil Borden）在美国市场营销学会的就职演说中创造了"市场营销组合"（Marketing mix）这一术语，其意是指市场需求在某种程度上或多或少受到所谓"营销变量"或"营销要素"的影响。为了寻求一定的市场反应，企业要对这些要素进行有效的组合，从而满足市场需求，获得最大利润。杰罗姆·麦卡锡（Jerome McCarthy）于 1960 年在其《基础营销》（Basic Marketing）一书中将这些要素一般地概括为 4 类：产品（Product）、价格（Price）、渠道（Place）、促销（Promotion），即著名的 4P。

产品（Product）：注重开发的功能，要求产品有独特的卖点，把产品的功能诉求放在第一位。

价格（Price）：根据不同的市场定位，制订不同的价格策略，产品的定价依据是企业的品牌战略，注重品牌的含金量。

渠道（Place）：企业并不直接面对消费者，而是注重经销商的培育和销售网络的建立，企业与消费者的联系是通过分销商来进行的。

促销（Promotion）：企业注重销售行为的改变来刺激消费者，以短期的行为（如让利、买一送一，营销现场气氛等）促成消费的增长，吸引其他品牌的消费者或导致提前消费来促进销售的增长。

二、"4C"营销理论

4C 营销理论（The Marketing Theory of 4C），是由美国营销专家劳特朋教授在 1990 年提出的，是与传统营销的"4P"相对应的理论。它以消费者需求为导向，重新设定了市场营销组合的四个基本要素：消费者（Consumer）、成本（Cost）、便利（Convenience）和沟通（Communication）。它强调企业首先应该把追求顾客满意放在第一位；其次，努力降低顾客的购买成本；再次，要充分注意到顾客购买过程中的便利性，而不是从企业的角度来决定销售渠道策略；最后，还应以消费者为中心实施有效的营销沟通。

三、二者相互关系

"4P"营销理论与"4C"营销理论是互补而非替代关系，即Consumer，是指用"消费者"取代"产品"，要先研究顾客的需求与欲望，然后再去生产、经营和销售顾客确定想要买的服务产品；Cost，是指用"成本"取代"价格"，了解顾客要满足其需要与欲求所愿意付出的成本，再去制订定价策略；Convenience，是指由"便利"取代"地点"，意味着制订分销策略时要尽可能让顾客方便；Communication，是指用"沟通"取代"促销"，"沟通"是双向的，"促销"无论是推动策略还是拉动战略，都是线性传播方式。

项目八 汽车服务营销心理

掌握汽车服务营销的特点与心理效应；掌握汽车服务营销售前、售中、售后三阶段的心理及策略。

能分析营销人员的服务对消费者心理产生的影响；能从营销人员的角度思考应对消费者心理的策略。

汽车是一种特殊商品，汽车营销贯穿于汽车产品的整个生命周期，从潜在客户到意向客户再到忠实客户，在汽车产品10年左右使用期里汽车企业通过服务与其客户紧密联系在一起。因为汽车消费者买车、提车后绝不是企业营销的结束，而是企业营销的新的开始。汽车企业的服务营销是由售前、售中、售后服务构成的体系。汽车营销的全程服务价值对消费者的心理影响就是直接地决定其消费行为。

世界上最伟大的销售员——乔·吉拉德

乔·吉拉德是全球单日、单月、单年度，以及销售汽车总量最多的纪录保持者。吉尼斯纪录上以"全球最伟大的销售员"来形容他。1978年1月宣布退休后，他所缔造的纪录，迄今未被打破！

乔·吉拉德，是现在闪烁于汽车名人堂的名字。而他正值人生35岁时，却跌落到最幽暗的人生谷底。在饥寒交迫、走投无路时，乔·吉拉德向朋友求得汽车销售员的工作。

乔·吉拉德很有耐性，不放弃任何一个机会。或许客户5年后才需要买车，或许客户两年后才需要送车给大学毕业的孩子当礼物；没关系，不管等多久，乔·吉拉德都会隔三岔

项目八 汽车服务营销心理

五地打电话追踪客户，一年12个月更是不间断地寄出不同花样设计、上面永远印有"I like you!"的卡片给所有客户，最高纪录曾每月寄出16000封卡片。15年间，业绩突出的乔·吉拉德有很多跳槽、升迁的机会，但他总是拒绝，他名片上的头衔始终是"销售员"。

乔·吉拉德能持续每天在前线从事推销工作，享受每一次成交所带来的快感。他说道："今天我卖出6辆，明天我就渴望成交10辆！我感觉每成交一次，其实都像是被升迁了一次！"

在15年的汽车推销生涯中，乔·吉拉德总共卖出了13001辆汽车，他也因此创造了吉尼斯汽车销售的世界纪录，同时获得了"全球最伟大的销售员"的称号。

思考：结合案例，谈谈营销人员应该如何推销汽车。

任务一　汽车服务营销心理认知

一、服务营销

服务营销是企业在充分认识满足消费者需求的前提下，在营销过程中所采取的一系列活动，即企业为支持其核心产品所提供的服务。服务营销理念指出消费者购买了产品仅仅意味着销售工作的开始而不是结束，企业关心的不仅是产品的成功售出，更注重的是消费者在享受企业通过产品所提供的服务的全过程的感受。

随着社会的进步，人民收入的提高，消费者需要的不仅仅是一个产品，更需要的是这种产品带来的特定或个性化的服务，从而有一种被尊重和自我价值实现的感觉，而这种感觉所带来的就是消费者的忠诚度。服务营销不仅仅是某个行业发展的一种新趋势，更是社会进步的一种必然产物。

二、服务营销心理效应

在服务营销中，营销人员与消费者的关系是一种双方相互作用的人际知觉关系，营销人员的主体形象对消费者的行为和心理将产生一定的影响。这种影响作用所产生的心理效应主要有：首因效应、近因效应、晕轮效应、定式效应。

（一）首因效应

首因效应，又称优先效应，是指在某个行为过程中，最先接触到的事物给人留下的较大的决定力和影响力。现实生活中，先入为主和首因效应是普遍存在的。例如，消费者到展厅看车时，第一个上前与消费者接触的销售人员的第一印象（仪表、语言、动作、表情、气质等）直接影响消费者是否愿意继续了解该品牌车型。如果在汽车营销活动中，展厅陈列有序、环境宜人，销售员职业素养高，服务质量符合或超过消费者预期，会使消费者产生积极的情感体验；反之，消费者会产生消极情绪而影响其购买行为。

（二）近因效应

近因效应是指在某一行为过程中，最后接触到的事物给人留下的影响。对汽车销售来讲，销售人员的心理兴奋度的峰值在消费者付款时，而消费者在新车交付阶段心理兴奋程度达到峰值，两者兴奋点有时间差。销售人员若能与消费者在购买过程的最后阶段产生"共情"，将优质服务进行到底，会带给消费者最佳的购车体验，进而会产生消费者经常光顾的动因。

（三）晕轮效应

晕轮效应，也称光环效应、成见效应、日晕效应、印象扩散效应，它是一种影响人际知觉的因素，指在人际知觉中所形成的以点概面或以偏概全的主观印象。例如，一白遮百丑、一好百好、一差百差等的知觉偏差，就是晕轮效应。消费者身上的晕轮效应即表现为消费者根据对企业某一方面的突出知觉做出了对整个企业的优劣判断。如企业对售后的服务承诺兑现程度如何、接待消费者投诉的兑现及处理方式是否认真负责等，这些都会使消费者产生晕轮效应，使之形成对整个企业的总体形象的知觉偏差。

（四）定式效应

定式效应是指人们在社会知觉中，经常受到以前经验模式的影响，产生一种不自觉的心理活动的准备状态，并在其头脑中形成固定、僵化、刻板的印象。消费者对不同的营销人员的个体形象及评价也有一些概念化的判断标准。这种印象若与消费者心目中的"定式"相吻合，将会引起消费者的心理及行为的变化。比如，仪态大方、举止稳重的营销人员，给消费者最直观的感受是"真诚""可信赖"，与消费者的心理定式相吻合，消费者则愿意与其接近，征询他们的意见，容易促成交易。反之，消费者对于闪烁其词、解答问题含混不清、急于成交的营销人员的最直观感受是"不可信赖"，与消费者的心理定式不相吻合，消费者则会产生警觉、疑虑、厌恶的情绪并拒绝购买。

任务二　汽车营销服务三个阶段的心理策略

随着汽车需求量的快速增长，以及汽车消费观念的变化，汽车销售已经不再是简单的买卖交易，汽车营销已走入服务时代。靠服务争得市场，通过售后带动售前，已成为全新的汽车服务营销理念的重要内容。

一、汽车售前服务阶段的心理策略

（一）汽车售前服务与消费者心理

售前服务是在消费者与企业还没有确立买卖关系的情况下进行的。售前服务应对消费者进行意识上的引导，向消费者提供充分的有关企业产品质量、性能、操作方法、适用对象等多方面的信息，让消费者了解企业及其产品，使企业品牌在消费者心中留下深刻的良好印象，形成感性认识，以便消费者正确决策。汽车消费者的心理活动首先对品牌广告、营销活动等引起注意，然后对汽车产品产生兴趣，进而产生购买欲望。

（二）汽车售前消费者心理分析

消费者因需要而产生购买动机，而购买动机受时空、情境等因素制约。

1. 消费者的认知欲望

售前，消费者最关注的是有关商品的信息。需要更全面地了解商品的品质、规格、性能、价格、使用方法以及售后服务等内容。这是决定其是否购买的基础。

2. 消费者的价值取向

随着社会经济的发展，人们的消费理念、价值取向、审美标准常表现出职业、年龄消费趋同的现象。因而，企业应当通过市场调研、搜集信息、分析数据了解不同职业、不同年龄消费者的观念、价值取向、审美标准等，以此来细分市场，针对目标消费者做营销。

3. 消费者的期望值

消费者在购买前，都会对有意向的车型产生关于价格、性能、品牌等方面的期望。随着市场竞争的加剧，许多商品或服务的同质化倾向越来越强，这使得商品品质不再是消费者选择的主要标准，消费者越来越看重经销商能否满足其个性化需求和能否为其提供高质量的服务。因此，营销人员在售前服务中应根据顾客心理特征，有效地把握消费者的期望值。

4. 消费者的自我意识

自我意识并非与生俱来，它是个体在社会生活过程中与他人相互作用、相互交往、逐渐发展所形成的。新生代的消费群体逐渐成为消费市场的主流，他们对品牌的忠诚度赶不上对自我的忠诚度，服从自我意识的消费成为主流。他们的消费理念是："我的消费我做主，我的消费我喜欢，我的消费我健康，我的消费有品位，我的消费要时尚。"

（三）汽车售前服务心理策略

1. 建立目标市场服务档案，把握消费者心理需求

市场经过细分之后形成多个子市场，相同的细分市场具有相同的性质，不同的细分市场具有异质性。企业可以通过建立数据库，储存目标市场消费者的心理特征、购物习惯等方面的信息，为做好更有针对性的服务提供依据。

2. 最大限度地满足消费者的相关需求

消费者的需求往往不是单一的，除了主要需求以外，还有许多相关需求。最大限度地满足顾客的相关需求，会让消费者产生一种意外惊喜的感觉，从而促使其购买。

3. 促使消费者认知接受商品

这是售前服务中最为重要的策略。顾客认知并购买商品都需要一个过程，企业在此过程中帮助顾客形成促进购买的良好认知。保证商品质量是售前服务质量的基本保障，能增强消费者购买信心。然后，通过广告宣传吸引消费者注意，进而利用人员销售强化消费者的商品认知。

二、汽车售中服务阶段的心理策略

（一）汽车售中服务与消费者心理

售中服务是指汽车产品在销售过程中提供给消费者的服务，与消费者的实际购买行动相伴随，是促进商品成交的核心环节。此环节销售人员要与消费者进行充分沟通，深入了解消

费者需求，耐心帮助消费者选购适宜车型。良好的售中服务将为顾客提供享受感，从而可以增强顾客的购买决策，融洽而自然的销售服务可以提升顾客消费体验，在买卖双方之间形成一种相互信任的气氛。

（二）汽车售中消费者心理分析

消费者在接受售中服务的过程中，会有以下心理期望。

1. 期望获得详尽的汽车产品信息

消费者在展厅选购汽车产品时，是希望专业销售人员能提供该车型的详细信息，希望了解竞品使自己更准确对比并选购心仪车型。期望表现在两方面：一是销售人员提供专业、可靠信息；二是提供的信息够用、具体、易于掌握。

2. 期望给予产品决策的帮助

在选购汽车产品时，销售人员是消费者进行决策的重要咨询者和参与者。消费者期望表现在：销售人员站在消费者的角度，为顾客价值最大化考虑，帮助其做出决策；能提供令消费者信服的决策分析；能有针对性地解决消费者的疑虑与难题。

3. 期望受到热情的接待与尊重

消费者对售中服务的社会心理需要，主要是能在选购过程中受到销售人员的热情接待，被尊重的心理需求得到满足。期望表现在：销售人员对消费者的询问与异议都耐心解答；在言谈话语间，适时赞美消费者，并鼓励消费者自我行为展现。

4. 追求方便快捷

消费者对售中服务期望的重要方面是追求方便快捷。期望主要表现在：减少等待时间，能第一时间得到接待；付款、交车手续简便，提供上牌、保险、金融等一条龙式服务。

三、汽车售后服务阶段的心理策略

（一）汽车售后服务与消费者心理

汽车售后服务是指汽车销售企业为已购汽车的消费者提供的各种服务活动。在现代市场营销观念下，售后服务才是营销真正的开始。企业要熟知并了解消费者对汽车使用后的感受和意见，并满足消费者使用过程中的各种需求，提供完善的服务，提高企业的信誉，扩大产品的市场占有率，提高销售工作的效率和利益。业内专家分析，面对激烈的市场竞争，维持一个老顾客所需的成本是寻求一个新顾客成本的0.5倍，而要使失去的一个老顾客重新成为新顾客所花费的成本，是寻求一个新顾客成本的1.5倍。因此，良好的售后服务有助于维持和增加当前顾客的忠诚度。

（二）汽车售后消费者心理分析

汽车售后服务主要包括汽车的维修、养护、救援以及相关信息咨询、保险理赔、二手车交易等内容，服务人员提供的服务主要是业务接待、单据管理、客户档案管理、客户跟踪、客户提醒服务、客户投诉处理。售后服务过程中消费者的心理状态主要表现在以下几个方面。

1. 评价心理

消费者在购车之后自然会对汽车进行评价，即购车过程中的满意评价和汽车使用满意评价，进而体验到满意或后悔等心理。

2. 试探心理

由于主观和客观的多种因素，消费者在使用汽车初期可能会出现异议或不适的阶段，甚至希望退换汽车。但多数消费者进店交涉时往往具有试探的心理状态，看商家的态度后，再做决断。

3. 求助心理

消费者在用车过程中会遇到困难或问题，都会希望售后服务人员给予及时和专业的帮助。

4. 退换心理

当所购车辆被消费者认定为购买失误或质量问题时，消费者一般都会产生退换车辆或进行维修的心理状态。

（三）汽车售后服务心理策略

随着汽车用户消费心理的日益成熟和理性，他们对售后服务成本的考虑也在升级。因而售后服务必将成为企业竞争的关键因素之一。完美的售后服务能与消费者建立起亲密的关系，其心理策略就是针对消费者的心理状况，调节消费者的心理平衡，努力使其建立起信任感和满足感。

汽车销售服务企业要做的就是提供优质的售后服务。

汽车销售服务企业的整个经营活动都要以顾客满意度为标准，从顾客的角度来分析考虑其真实需求，并针对顾客需求的个性化、情感的发展趋势，尽可能地全面尊重和维护顾客的利益。谁能提供消费者满意的服务，谁就会加快销售步伐。

例如，安徽江淮汽车股份有限公司的"一对一"服务，是江淮乘用车"一家亲"服务品牌下的特色项目：三位一体交车，明确"一对一"专属服务顾问；交车一个月内专属服务顾问携技师预约上门探访，现场了解车辆使用状况并对车辆进行全面检查；交车三个月内专属服务顾问预约并全程负责首保实施。让客户体验感受"一切为了客户，家人般的关怀，亲情式的服务"。

又如，长安福特免费提供全国无盲点覆盖的专业道路救援服务，全年365天，每天24小时。其服务内容是在购买新车的2年内，如果车主的爱车在中国内地抛锚，福特道路救援都会为车主安排快速、专业的免费道路救援服务。救援服务内容是：路边现场机械故障修理、取送钥匙、快速搭电或备用电池更换、换胎服务、送水送油服务、拖车服务、免费出租车服务、紧急口信送达、事故协调、异地抛锚无法立即修复时继续旅程、返家或酒店住宿服务，使车主的出行更加省心、安全和放心，深受广大车主喜爱，有力地提升了长安福特汽车消费者的满意度和忠诚度。

真正的销售始于售后

胡力和汪洋，是某汽车公司的销售员，卖的都是房车。不过，两人的销售业绩却有天壤之别。原因就出在售后上。

汽车消费心理学

胡力在交易成交之后，客户取货之前，通常都要花上3~5个小时详尽地演示汽车的操作细节问题，包括一些很小的方面。例如，怎样点燃加热器，怎样找到微波炉上的保险丝，怎样使用千斤顶等。最后，他还会对客户说："我的电话全天24小时都欢迎您拨打，如果有什么问题，请给我的办公室或家里打电话，我随时恭候。"一旦客户真有问题，他也是立刻就去解决，实在不行，还会联系别人帮忙。

而汪洋，虽然他前期的推销积极热情，很有效果，但签单之后，只是递给新客户一本用户手册说："拿去自己看看。"就开始"转战"下一个目标客户了。

结果呢？胡力的客户不仅会回头再买，而且他们也会介绍一些朋友买车。汪洋的"一锤子买卖"中，有时还会遭遇退单。

启示：从某种意义上来说，真正的销售活动是在售出商品后才开始的。因为只有让消费者重复购买的销售行为，才算是成功的销售。而要赢得消费者的忠诚，绝不是靠一次重大的行动就可以的。要想建立永久的合作关系，就需要你用长期而优质的服务将他们团团包围，因为这样做，就等于是让你的竞争对手永远也别想踏进你客户的大门。

任务三　汽车营销人员对消费者心理的影响

 读一读

齐先生的私家车已经用了很多年，经常发生故障，他决定换一辆新车。这一消息被某汽车销售公司得知，于是很多的销售人员都来向他推销轿车。每一个销售人员来到齐先生这里，都详细介绍自己公司的轿车性能多么好，多么适合他这样的公司老板使用，甚至还嘲笑说："您的那台老车已经破烂不堪，不能再使用了，否则有失您的身份。"这样的话让齐先生感到反感和不悦，齐先生心想：这些人只是为了推销他们的汽车，我就是不买，不上当受骗！

不久，又有一名汽车销售人员登门拜访，齐先生心想：不管他怎么说，我也不买他的车。可这位销售人员只是说："我看您的这部老车还不错，起码还能再用上一年半载的，现在就换未免有点可惜，我看还是过一阵子再说吧！"说完给齐先生留了一张名片就主动离开了。齐先生没有想到这位销售人员竟然没有推销，事后想想还是换一台新车吧，一周后就拨通了那位销售人员的电话，订购了一辆新车。

分析：这位销售人员的言行和齐先生想象的完全不同，齐先生之前的心理防御失去了意义。心理学认为，人们之所以会有"让他往东他偏往西、让他打狗他偏打鸡"的逆反行为，完全是出于自我价值保护的本能。案例中的销售人员正是消除了齐先生的逆反心理，从而使消费者主动购买自己的产品。

一、营销人员对消费者心理的影响

（一）营销人员仪表与消费者心理

仪表是指人的外表，包括人的容貌、姿态、衣着、修饰、风度和举止等。营销人员良好的仪表展现的是对顾客的礼貌与尊重，体现的是营销人员的职业素养。心理学认为，人们总是从感知事物的外部形态开始，再逐渐认识其本质，即"第一印象"或"首因效应"会影响人与人之间的相互关系。

汽车营销人员职业化的仪容和仪表一定会给消费者带来舒适、专业的购车体验。一般来讲，汽车4S专营店都会有规范的销售礼仪，其中对营销人员的仪容和仪表都有统一的标准和规定。营销人员着装整洁大方、美观合体、端庄舒适，与营业环境相和谐，它可以使消费者联想到企业的品牌形象、经营成绩和尊重消费者的服务精神，使顾客产生信任感，促进其购买活动的进行和完成。

（二）营销人员语言与消费者心理

语言是人们交流思想、增进感情的工具。营销人员的语言十分重要，它不仅用来宣传、出售商品，也用于沟通营销人员与消费者之间的感情。礼貌文明、诚恳、和善的语言表达，能引起顾客发自内心的好感，起到吸引顾客的作用。

营销人员的接待语言应做到：一要和气，说话冷静、平等待人，声音、口气要悦耳；二要用词简练明白、抓要领，语调亲切、温和、客气，让顾客有良好的心理感受；三要不失言，注意该说和不该说的话。

（三）营销人员行为举止与消费者心理

营销人员的行为举止是指在接待顾客过程中的站立、行走、表情、动作等。行为举止能体现人的性格、气质，也最容易引起消费者的注意。

营销人员先以健康向上、微笑热情的状态示人，这会对消费者的心理产生积极影响，利于交易。营销人员的举止要做到适应顾客心理需要，与人相交贵在诚意。在销售中要真诚对待顾客，热情接待的同时要注意倾听顾客的要求，了解掌握顾客的需要、偏好，为其提供更好的购车体验。方便、周到、优质的服务不仅可以吸引更多的消费者，而且能增加消费者的依赖感，提高企业的竞争能力。

 读一读

"倾听和微笑"

乔·吉拉德说：有两种力量非常伟大。一是倾听；二是微笑。"倾听，你倾听得越长久，对方就会越接近你。我观察，有些推销员喋喋不休。上帝为何给我们两个耳朵一张嘴？我想，意思就是让我们多听少说！"乔·吉拉德说，有人拿着价值100美元的东西，却连10美元都卖不掉，为什么？你看看他的表情，要推销出去自己，面部表情很重要：它可以拒人千里，也可以使陌生人立即成为朋友。笑可以增加你的颜值。乔·吉拉德这样解释他富有感染力并为他带来财富的笑容：皱眉需要9块肌肉，而微笑，不仅用嘴、用眼睛，还要用手臂、用整个身体。"当你笑时，整个世界都在笑。一脸苦相没有人愿意理睬你。"他说，从今天起，直到你生命最后一刻，用心笑吧。"世界上有60亿人口，如果我们都找到两大武器：倾听和微笑，人与人就会更加接近。"让信念之火熊熊燃烧，"在我的生活中，从来没有'不'，你也不应有。'不'就是'也许'，'也许'就是肯定。我不会把时间白白送给别人的。"

（四）4S店相关人员对消费者心理的影响

1. 接待人员

接待人员是汽车专营店最先与顾客接触的公司员工，其服务直接影响和关系到公司的整体形象，对消费者的影响是最直接的。接待人员的基本素质是让消费者感受"宾至如归"。因此，接待人员作为店内的服务窗口，作为消费者的"第一印象"，要熟知人际关系和社交礼仪，时刻具备饱满的工作热情和专业的业务水平。

2. 销售顾问

销售顾问是在顾客选车、购车过程中，直接与顾客沟通交流的人员。在介绍产品相关信息、解答顾客疑问、消除顾客疑虑、促成交易达成等服务中，销售顾问的表现至关重要。因此，销售顾问在工作时要面带微笑、着装整洁，还要诚恳、热情与耐心，用心促成交易。

3. 服务顾问

服务顾问主要解决的是顾客购车之后的售后服务问题。服务顾问在和消费者沟通交流时的态度、服务，以及解决问题的方式方法和效果等都将直接影响消费者对专营店售后服务质量的感受和评价，这一结果也势必影响到企业在消费者心中的形象。

（五）营销人员应具备的基本素质

营销人员的素质是先天条件和后天品格、能力的综合反映，包括营销人员的思想、品德、知识、能力、气质和性格等。在购买与销售的过程中，营销人员通过技术性劳动和服务性劳动直接为消费者服务。他们素质的高低，不仅影响到商品的销售、企业的经济效益和商业信誉，而且会对消费者的心理和行为产生巨大影响。营销人员的素质主要包括以下几个方面。

1. 营销人员的思想道德素质

（1）强烈的事业心　只有热爱才是最好的老师。营销人员应充分认识到自己工作的价值，对自己的工作充满信心，积极主动、兢兢业业、恪尽职守，全心全意地服务消费者。

（2）责任感　责任感就是自觉地把分内的事情做好。强烈的事业心可以形成高度的责任感。营销人员的责任感主要表现为忠实于企业，忠实于消费者，自觉维护企业利益和消费者利益。

（3）良好的职业道德　营销人员对企业要忠诚、要尽责；对顾客要诚心，服务周到；不贬低竞争对手，公平竞争，诚信经营；勤奋敬业，与雇主共益，与顾客共赢。

（4）正确的经营思想　要树立顾客第一的思想，以顾客为中心，更新营销观念。要通过提供高质量、高附加值的产品和服务，为顾客创造价值。

2. 营销人员的业务素质

营销人员应具备的业务素质是指其要掌握相关的业务知识。业务知识是关于商业基本业

项目八 汽车服务营销心理

务活动的知识，丰富的知识是营销人员自信的基础，也是其营销技巧的保证。营销人员必须具备多方面的知识。

（1）商品知识　营销人员要熟知自己负责销售商品的分类、品级、货号、品名、产地、包装、性能、品质、用途、价格、规格等知识，准确地向消费者介绍商品，消除其疑虑心理。

（2）消费者知识　销售人员要知晓有关心理学、社会学、行为科学的知识，了解消费者的特点、购买动机、购买习惯、购买条件、购买决策等情况，能针对不同消费者的不同心理状况，采取不同的营销对策。

（3）售货技术　售货技术是营销人员在售货过程中的基本操作技术，也是营销人员的基本功。熟练的售货技术不仅可以提高服务质量和劳动效率，而且可以赢得消费者的信赖。

3. 营销人员的能力素质

综合来看，营销人员的能力包括基本能力和职业能力两个方面。营销人员的能力素质要围绕这两个方面强化锻炼。

（1）营销人员的基本能力　营销人员的基本能力应理解为社会能力，即通常所说的关键能力或通用技能。营销人员的基本能力具体有三个方面（见表8-1）。

表 8-1　营销人员的基本能力

方法能力	社会能力	学习能力
注意力	责任心	求知欲望
分析能力	独立能力	自学能力
解决问题能力	执行能力	收集信息能力
判断能力	团体能力	系统思考能力
抽象能力	交流能力	创新能力
准确性	合作能力	

（2）营销人员的职业能力　营销人员的职业能力具体包括：市场调查与分析能力、市场营销策划能力、商品鉴别能力、销售管理能力、营销心理能力、公共关系能力、商务谈判能力、客户管理能力、电子商务能力九个方面的能力（见表8-2）。

表 8-2　营销人员的职业能力

市场调查与分析能力	拟订调研计划；调查表与问卷设计；组织实施市场调研活动；撰写市场调查报告；分析、汇总调研数据，评估调查报告；分析市场机会与威胁、需求行为特点；计算市场需求潜力，销售预测
市场营销策划能力	编制企业营销目标与任务书；分析现有业务并编制发展计划；了解整个营销活动过程；根据不同需求水平采取不同的营销对策；根据新业务计划制订市场营销活动方案，并组织实施；分析、评估市场营销活动的效果与经验
商品鉴别能力	区分商品的标识，并说明其内涵；鉴别商品质量
销售管理能力	判断产品生命周期并提出营销对策；进行产品组合决策和产品品牌管理；灵活运用定价策略与技巧；设计渠道系统，并进行建设与维护管理；制订促销方案，灵活运用各种促销方式，组织实施并评估效果；计算货款，熟悉账务处理流程

119

续表

营销心理能力	根据顾客的气质、性格、能力等的不同表现调整营销方案；熟练运用心理沟通技巧与客户建立个人交情；根据购买心理设计广告方案；运用心理技巧做好潜在顾客心理转化工作；在挫折情绪中及时调整自我
公共关系能力	与新闻媒体建立联系；撰写公共宣传新闻稿；策划并实施公共宣传活动方案；进行公共关系危机管理，消除不利因素
商务谈判能力	制订推销访问和商务谈判方案；安排组织谈判活动；营造和调节谈判氛围；把握谈判的基本原则，促成谈判
客户管理能力	根据客户类型设计服务计划；管理应收账款；妥善处理客户投诉；建立客户档案；把握客户需求变化规律为企业营销决策提供依据
电子商务能力	制订网络广告与公共关系策略；利用网络进行销售服务与客户管理；协助设立企业站点和设计网页

二、营销人员的服务心理

（一）心态决定成败

态度是一个人对待事物的一种驱动力，不同的态度将产生不同的驱动作用。汽车营销人员应具备以下心态。

1. 主动心态

主动就是"没有人告诉你而你正做着恰当的事情"。汽车营销人员应主动做自己的工作，主动接待、热情服务。

2. 积极心态

要正面和正向地倾听与行事，对待消费者的异议报以微笑回应的前提是积极看待问题，有异议者才有意愿购买。

3. 互利心态

满足消费者需求的同时，对企业讲是实现产品价值，对汽车营销人员讲是实现自身利益，是三赢，是互利。

4. 自信心态

自信是成功的动力。汽车营销人员要对企业充满自信，对汽车产品充满自信，对自己能力充满自信。确信自己能将最合适的车型推荐给消费者，使他们满意。自信的你会带给消费者信心。

5. 给予心态

"要索取，首先学会给予。"在卖出汽车之前，要不怕付出。

（二）"3A"法则

"3A"法则是美国学者布吉林教授等人提出的。法则的内容是：把如何对别人的友善通过三种方式恰到好处地表达出来，即接受（Accept）对方、重视（Appreciate）对方、赞美（Admire）对方。

在汽车服务实践中，要真正做到接受顾客、重视顾客、赞美顾客。

1. 接受顾客

在工作岗位上,"3A"法则要求汽车营销人员亲切、友善地接待顾客。这要求汽车营销人员对顾客不仅是思想上接受,还必须在实际工作中贯彻体现接受顾客。即热情、积极、主动接近顾客,用心、耐心、诚心与顾客交流,帮助顾客挑选合适的车型。

2. 重视顾客

重视顾客,是汽车营销人员对顾客表示敬重之意的具体表现,要求认真对待顾客,并且主动关心顾客。真正重视顾客,应做到目中有人、召之即来、有求必应、有问必答、想顾客之所想、急顾客之所急。重视顾客要善于应用三种方法:牢记顾客姓名、善用顾客尊称、倾听顾客要求。

3. 赞美顾客

赞美顾客,实质上是对顾客的接受与重视,是对顾客的肯定。

汽车营销人员在服务顾客过程中,要善于发现顾客之所长,且要及时地、恰到好处地对其表示肯定、欣赏、称赞与钦佩。在赞美过程中,还应注意以下三点。

适可而止。汽车营销人员对顾客的赞美切忌过度泛滥。点到为止、适可而止是汽车营销人员在赞美过程中应把握的分寸。

实事求是。汽车营销人员对顾客的赞美不能背离事实,要客观地发现顾客的优点,适当地讲出来。

恰如其分。汽车营销人员对顾客的赞美要以了解顾客的实际情况为前提,赞美对方已有的长处和优点。例如,赞美一位皮肤保养得不错的女士时,说她"深谙护肤之道",一定会让顾客很开心。

(三)营销人员必须克服的几种心理障碍

1. 害怕交易被拒绝,自己有受挫的感觉

这是营销人员对客户不够了解,或者是他们所选择的达成协议的时机尚未成熟造成的。其实,即使真的提出交易的要求被拒绝了,也要以一份坦然的心态来面对眼前被拒的现实。商场中的成败太正常了,有成功就有失败。

2. 担心自己为自身的利益而欺骗客户

这是一种错位心理,错误地把自己放在了客户的一边。应把自己的着眼点放在公司的利益上,不仅以自己的眼光和价值来评判自己的产品,还要从客户的角度来衡量自己销售的产品。

3. 主动地提出交易,就像在向客户乞讨似的

这是一种错位心理。营销人员要正确地看待自己和客户之间的关系。营销人员向客户销售自己的产品,获得了金钱;但客户从销售人员那里获得了产品和售后服务,能给客户带来许多实实在在的利益,提高了工作效率,双方完全是互惠互利的友好合作关系。

4. 如果被拒绝,会失去领导的重视,不如拖延

有的营销人员之所以拖延是害怕主动提出交易会遭到客户的拒绝,从而失去领导的重视。但是营销人员应明白,拖延而不提交易虽不会被拒绝,但也永远得不到订单。

5. 竞争对手的产品更适合客户

营销人员的这种心理反映了对自己产品缺乏应该有的信心,也反映出营销人员对自己的

产品没有足够的认识而找不到适合消费者需求的内容。同时，这样的心理常会导致借口：即使交易没有最终达成，那也是产品本身的错，而非自己销售不力导致。这实际上是营销人员不负责任的态度的体现。

6. 我们的产品并不完美，客户日后发现了怎么办

这是一种复杂的心理障碍，混合了几个方面的不同因素。其中包括对自己的产品缺乏信心，面对交易时的错位和害怕被拒的心理。营销人员应该明白，客户之所以决定达成交易，是因为他们已经对产品有了相当的了解，认为产品符合他们的要求。

巩固与实训

◆ **知识巩固**

1. 汽车消费者对销售服务有哪些心理需要？应采取怎样的心理策略？
2. 汽车营销人员的仪容行为对消费者心理有哪些影响？

◆ **拓展实训：案例分析**

2011年5月，《都市快报》联合西博车展组委会、浙江省汽车行业协会共同启动了"2011浙江最具影响力的汽车品牌"和"2011浙江最具影响力的汽车经销商"评选活动，为了让评选结果更客观公正，《都市快报》在全省征集了100位读者充当"神秘客户"，不定期地反馈暗访结果。

从7月中旬开始，随着这100位"神秘客户"的陆续"上岗"，《都市快报》汽车新闻版已经收到了20份"神秘客户"的暗访调查报告。综合读者的调查结果，客户接待不专业依然是很多4S店的"通病"，更有多位"神秘客户"称，不少4S店的销售人员表现"太势利"，对意向强的客户大献殷勤，对初来乍到的客户则态度冷漠，多位"神秘客户"称进了展厅无人接待。

"60号神秘客户"最近打算买一辆20万元左右的车。7月28日，他去了城北石祥路上的一家丰田4S店，"到了展厅门口，没人上来迎接，进展厅后，也没有销售员来接待我，我四周转了转，只好自己去前台问，工作人员才帮我叫了个小伙子来"。因为以前也去4S店看过车，从未受到这般冷遇，"60号"不解："难道这次是我没有提前打电话预约？"

类似的情况也发生在其他经营日系和韩系品牌的4S店。"9号神秘客户"是位女士，那天她独自一人去一家东风悦达起亚4S店看K2，进了展厅，看见好几个销售员笔挺地站在那里，"我进门后，开始没人理我，后来估计看我在找销售员，才有人来接待，但是其他几个销售员都一起盯着我看，让我感觉很不礼貌"。

分析：案例中的销售人员的行为合适与否？结合本项目所学内容谈谈销售人员应当如何做。请列举你的案例。

1. 请学生以小组为单位，到4S店进行实地了解，看看本市4S店销售人员的服务情况，并进行总结。
2. 请学生以小组为单位，进行案例讨论及分析。

知识链接

乔·吉拉德的销售技巧

乔·吉拉德，因售出13000多辆汽车创造了商品销售最高纪录而被载入吉尼斯大全。他曾经连续15年成为世界上售出新汽车最多的人，其中6年平均售出汽车1300辆。销售是需要智慧和策略的事业。在每位推销员的背后，都有自己独特的成功诀窍，那么，乔的推销业绩如此辉煌，他的秘诀是什么呢？

一、250定律：不得罪任何一个顾客

在每位顾客的背后，都大约站着250个人，这些人是与他关系比较亲近的人：同事、邻居、亲戚、朋友……如果一个推销员在年初的一个星期里见到50个人，其中只要有两个顾客对他的态度感到不愉快，到了年底，由于连锁影响就可能有5000个人不愿意和这个推销员打交道，他们就知道一件事：不要跟这位推销员做生意。这就是乔·吉拉德的250定律。由此，乔得出结论：在任何情况下，都不要得罪哪怕是一个顾客。在乔的推销生涯中，他每天都将250定律牢记在心，坚定生意至上的态度，时刻控制着自己的情绪，不因顾客的刁难，或是不喜欢对方，或是自己心绪不佳等原因而怠慢顾客。乔说得好："你只要赶走一个顾客，就等于赶走了潜在的250个顾客。"

二、名片满天飞：向每一个人推销

每一个人都使用名片，但乔的做法与众不同：他到处递送名片，在餐馆就餐付账时，他要把名片夹在账单中；在运动场上，他把名片大把大把地抛向空中。名片漫天飞舞，就像雪花一样，飘散在运动场的每一个角落。你可能对这种做法感到奇怪。但乔认为，这种做法帮他做成了一笔笔生意。乔认为，每一位推销员都应设法让更多的人知道他是干什么的，销售的是什么商品。这样，当他们需要他的商品时，就会想到他。乔抛撒名片是一件非同寻常的事，人们不会忘记这种事。当人们买汽车时，自然会想起那个抛撒名片的推销员，想起名片上的名字：乔·吉拉德。同时，要点还在于，有人的地方就有顾客，如果你让他们知道你在哪里，你卖的是什么，你就有可能得到更多生意机会。

三、建立顾客档案：更多地了解顾客

乔说："不论你推销的是什么东西，最有效的办法就是让顾客相信——真心相信——你喜欢他，关心他。"如果顾客对你抱有好感，你成交的希望就增加了。要使顾客相信"你喜欢他、关心他"，那你就必须了解顾客，搜集顾客的各种有关资料。乔中肯地指出：如果你想要把东西卖给某人，你就应该尽自己的力量去收集他与你生意有关的情报……不论你推销的是什么东西。如果你每天肯花一点时间来了解自己的顾客，做好准备，铺平道路，那么，你就不愁没有自己的顾客。刚开始工作时，乔把搜集到的顾客资料写在纸上，塞进抽屉里。后来，有几次因为缺乏整理而忘记追踪某一位准顾客，他开始意识到自己动手建立顾客档案的重要性。他去文具店买了日记本和一个小小的卡片档案夹，把原来写在纸片上的资料全部做成记录，建立起了他的顾客档案。乔认为，推销员应该像一台机器，具有录音机和电脑的功能，在和顾客交往过程中，将顾客所说的有用情况都记录下来，从中把握一些有用的材料。

汽车消费心理学

乔说："在建立自己的卡片档案时，你要记下有关顾客和潜在顾客的所有资料，他们的孩子、嗜好、学历、职务、成就、旅行过的地方、年龄、文化背景及其他任何与他们有关的事情，这些都是有用的推销情报。所有这些资料都可以帮助你接近顾客，使你能够有效地跟顾客讨论问题，谈论他们自己感兴趣的话题，有了这些材料，你就会知道他们喜欢什么，不喜欢什么，你可以让他们高谈阔论、兴高采烈、手舞足蹈……只要你有办法使顾客心情舒畅，他们就不会让你大失所望。"

四、猎犬计划：让顾客帮助你寻找顾客

乔认为，干推销这一行，需要别人的帮助。乔的很多生意都是由"猎犬"（那些会让别人到他那里买东西的顾客）帮助的结果。乔的一句名言就是"买过我汽车的顾客都会帮我推销"。在生意成交之后，乔总是把一叠名片和"猎犬"计划的说明书交给顾客。说明书告诉顾客，如果他介绍别人来买车，成交之后，每辆车他会得到25美元的酬劳。几天之后，乔会寄给顾客感谢卡和一叠名片，以后至少每年他会收到乔的一封附有"猎犬"计划的信件，提醒他乔的承诺仍然有效。如果乔发现顾客是一位领导人物，其他人会听他的话，那么，乔会更加努力促成交易并设法让其成为"猎犬"。实施"猎犬"计划的关键是守信用——一定要付给顾客25美元。乔的原则是：宁可错付50个人，也不要漏掉一个该付的人。"猎犬"计划使乔的收益很大。1976年，"猎犬"计划为乔带来了150笔生意，约占总交易额的1/3。乔付出了1400美元的猎犬费用，收获了75000美元的佣金。

五、推销产品的味道：让产品吸引顾客

每一种产品都有自己的味道，乔·吉拉德特别善于推销产品的味道。与"请勿触摸"的做法不同，乔在和顾客接触时总是想方设法让顾客先"闻一闻"新车的味道。他让顾客坐进驾驶室，握住方向盘，自己触摸操作一番。如果顾客住在附近，乔还会建议他把车开回家，让他在自己的太太、孩子和领导面前炫耀一番，顾客会很快地被新车的"味道"陶醉。根据乔本人的经验，凡是坐进驾驶室把车开上一段距离的顾客，没有不买他的车的。即使当下不买，不久后也会来买。新车的"味道"已深深地烙印在他们的脑海中，使他们难以忘怀。乔认为，人们都喜欢自己来尝试、接触、操作，人人都有好奇心。不论你推销的是什么，都要想方设法展示你的商品，而且要记住，让顾客亲身参与，如果你能吸引住他们的感官，那么你就能掌握住他们的感情了。

六、诚实：推销的最佳策略

诚实，是推销的最佳策略，而且是唯一的策略。但绝对的诚实却是愚蠢的。推销容许谎言，这就是推销中的"善意谎言"原则，乔对此认识深刻。"诚为上策"是你所能遵循的最佳策略。可是策略并非是法律或规定，它只是你在工作中用来追求最大利益的工具。因此，诚实就有一个程度的问题。推销过程中有时需要说实话，"一是一，二是二"。说实话往往对推销员有好处，尤其是推销员所说的顾客事后可以查证的事。

乔说："任何一个头脑清醒的人都不会卖给顾客一辆六汽缸的车，而告诉对方他买的车有八个汽缸。顾客只要一掀开车盖，数数配电线，你就死定了。"如果顾客和他的太太、儿子一起来看车，乔会对顾客说："你这个小孩真可爱。"这个小孩也可能是有史以来最难看的小孩，但是如果要想赚到钱，就绝对不可这么说。乔善于把握诚实与奉承的关系。尽管顾客知道乔所说的不全是真话，但他们还是喜欢听人拍马屁。少许的几句赞美，可以使气氛变得

更愉快。没有敌意,推销也就更容易成交。有时,乔甚至还撒一点小谎。乔看到过推销员因为告诉顾客实话,不肯撒个小谎,平白失去了生意。顾客问推销员他的旧车可以折合多少钱,有的推销员粗鲁地说:"这种破车。"乔绝不会这样,他会撒个小谎,告诉顾客,一辆车能开上12万公里,他的驾驶技术的确高人一等。这些话使顾客开心,赢得了顾客的好感。

七、每月一卡:真正的销售始于售后

乔有一句名言:"我相信推销活动真正的开始在成交之后,而不是之前。"推销是一个连续的过程,成交既是本次推销活动的结束,又是下次推销活动的开始。推销员在成交之后继续关心顾客,将会既能赢得老顾客,又能吸引新顾客,使生意越做越大,客户越来越多。"成交之后仍要继续推销",这种观念使得乔把成交看作推销的开始。乔在和自己的顾客成交之后,并不是把他们置于脑后,而是继续关心他们,并恰当地表示出来。乔每月要给他的1万多名顾客寄去一张贺卡。一月份祝贺新年,二月份纪念华盛顿诞辰日,三月份祝贺圣帕特里克日……凡是在乔那里买了汽车的人,都收到了乔的贺卡,也就记住了乔。

正因为乔没有忘记自己的顾客,所以顾客才不会忘记乔·吉拉德。

参 考 文 献

[1] 赵晓东. 汽车消费心理学. 第 2 版.［M］. 北京：北京理工大学出版社，2015.

[2] 牛艳莉. 汽车消费心理学［M］. 重庆：重庆大学出版社，2016.

[3] 张易轩. 消费者行为心理学［M］. 北京：中国商业出版社，2014.

[4] 薛长青. 营销心理学［M］. 北京：北京师范大学出版社，2011.

[5] 裘文才. 汽车消费心理学［M］. 上海：上海科学技术文献出版社，2016.

[6] 李红英，梁景生，路方. 汽车消费心理学［M］. 北京：航空工业出版社，2017.

[7] 王莹. 汽车消费心理学［M］. 北京：清华大学出版社，2013.

[8] 徐丽燕. 汽车消费心理学［M］. 天津：天津科学技术出版社，2013.